영유아 교육기관의

ESG, ESD 실천을 위한 안내서

Environmental
Social
Governance

Education for
Sustainable
Development

영유아 교육기관의

ESG, ESD 실천을 위한 안내서

이금자 · 김희진 · 김나래

KNOWLEDGE COMMUNITY 공동체

추천사

더좋은보육채널 연구소의 『영유아 교육기관의 ESG, ESD 실천을 위한 안내서』 출간을 축하드립니다.

『영유아 교육기관의 ESG, ESD 실천을 위한 안내서』는 영유아 교육현장에서 ESG, 지속가능발전교육(ESD)을 실천하고자 하는 교육자들을 위한 실용적인 지침서입니다.

이 책은 ESG(환경, 사회, 지배구조)와 ESD(지속가능발전교육)의 개념을 보다 쉽게 이해할 수 있도록 설명하고, 이를 영유아 교육현장에서 실천할 수 있는 다양한 방법과 교사가 갖추어야 할 역량을 제시하고 있습니다. 영유아 교육기관의 교사와 관계자들이 지속가능한 미래를 준비하는 데 큰 도움이 될 것으로 기대합니다.

이 책의 저자인 더좋은보육채널 연구소 이금자 대표와 김나래 책임연구원께서는 삼성어린이집 원장으로서 영유아와 교사를 위한 교육에 애정과 열정을 담아 어린이집을 운영해 오셨습니다. 삼성어린이집 운영을 통해 오랜 기간 쌓아온 풍부한 경험과 전문성으로 ESG/ESD의 이론과 실천 방법을 제시하여, 영유아 교육현장에 보다 실질적인 노하우를 제공할 것으로 생각합니다.

삼성복지재단도 ESG 중요성에 공감하고 영유아 교육현장에서의 실천을 노력하고 있습니다. 특히 '다양성 존중 프로그램'을 개발하여 유아들이 어린 시기부터 '다름'을 존중받고, 다양성을 수용할 수 있는 성인으로 커 나갈 수 있도록 지원하고 있습니다. 또한 전국의 삼성어린이집에서는 영유아, 교사, 부모들이 함께 일상 속 ESG 실천을 위한 캠페인 등 다양한 활동을 하고 있습니다. 이러한 삼성어린이집 실천사례가 이번에 함께 수록되어 더욱 기쁘게 생각합니다.

아무쪼록 『영유아 교육기관의 ESG, ESD 실천을 위한 안내서』가 영유아, 교사, 가족, 지역사회가 함께하는 ESG/ ESD 실천에 길잡이가 되기를 진심으로 기원합니다. 이러한 노력으로 우리 아이들과 지속가능한 미래를 함께 꿈꿀 수 있기를 바라 봅니다.

삼성복지재단은 영유아의 지속가능한 미래를 준비하는 더좋은보육채널 연구소의 열정을 늘 응원하겠습니다.

김성원(삼성복지재단 대표이사)

저자와의 만남은 수년 전 삼성어린이집 보육현장에서 시작되었습니다. 그때 제가 보았던 저자의 선생님들에 대한 따뜻한 시선은 가르치는 현장에 있던 제게 큰 울림이 되었지요. 그리고 지금은 '더좋은보육채널'을 통해 현장 교사의 성찰을 다정하고 든든하게 돕도록 함께하고 있습니다.

『영유아 교육기관의 ESG, ESD 실천을 위한 안내서』는 교사의 성장과 배움을 지원합니다. 무엇보다 ESD의 핵심 역량을 중심으로 교사 역할을 강조하고 있으며 영유아에게 가장 중요한 놀이를 통해 실천을 강조한 점은 이 시대 영유아와 교사를 위해 반드시 필요한 내용이며 가치가 있는 점이라고 느꼈습니다. 또한 이 책은 영유아를 가르치는 교사의 성찰을 통해 만들어지고 엮어졌음에 깊은 의미가 있다고 생각합니다. 자칫 어려울 수 있는 미래사회의 중요한 화두인 ESG와 ESD에 대한 가치와 실제를 씨실과 날실처럼 촘촘하게 제시하고 있습니다. 개인에게만 초점이 맞추어진 관점에서 다른 사람, 대상, 환경에 대한 다양성에 주목하고 있는 점은 현재의 우리가 우선으로 깨달아야 하는 일이기도 합니다.

저는 영유아와 함께 하는 놀이에서 "지금, 할 수 있는 것부터!"라는 화두를 보며 영유아만이 아니라 우리가 함께 하는 출발점을 만들어 주고 있음을 발견하였습니다. 과연 우리는 '계속해야 할 것, 중단해야 할 것, 창조적으로 새롭게 만들어 내야 할 것'에 대하여 사유하고 지속가능발전의 가치를 공유할 수 있을까요?

이 책에는 그 충실하고 사려 깊은 실천의 내용들이 차곡차곡 담겨 있습니다. 영유아와 함께 하며 사유하는 교사의 이야기, 그리고 그 속에서 누구보다 무한히 펼쳐지는 어린이들의 놀이를 들여다보고 있노라면 결국 가르침은 희망을 이야기하고 있음을 깨닫게 됩니다. 이 책에 담긴 ESG, ESD 실천을 위한 안내가 영유아 교육기관에서 시작되는 바람이 되고 우리 사회 곳곳에서 공유되기를 기대합니다. 칼릴 지브란의 시처럼 책임 있는 어른으로서 어린이를 앞으로 쏘아 보내는 활이 되기를, 그 화살이 빨리 그리고 멀리 갈 수 있도록 구부려짐도 기뻐할 수 있기를 소망합니다. 함께한다면 그 또한 가능할 것이라고 이 책은 제게 말하고 있으니까요.

이윤선(배화여자대학교 사회복지과 교수)

올 여름, 지구가 뜨겁게 끓고 있음을 체감하게 하는 날씨가 연일 계속되고 있다. 기후 위기가 현실로 다가온 지금, 지속가능한 미래를 위한 교육의 중요성을 새삼 깨닫게 하는 도서를 만났다.

이 책은 영유아교육이 급변하는 세상의 요구를 어떻게 충족시킬 수 있는지에 대한 깊이 있는 성찰을 제시하며, 지속가능성이 교육 실천의 핵심이 되어야 함을 강조하고 있다.

저자들은 지속가능한 교육의 이론적 기반을 탐구할 뿐만 아니라, 실제 현장에서 이러한 원칙들을 어떻게 효과적으로 구현할 수 있는지, 실질적인 예시들을 통해 잘 설명하고 있다. 협력적 노력과 혁신적인 교육 접근 방식을 통해, 이 책은 교육자들이 어린 아이들에게 지속가능한 미래를 만드는 데 적극적으로 참여할 수 있는 힘을 실어주고, 영유아 시기부터 책임감과 공동체 의식을 심어주는 교육의 중요성을 잘 보여준다.

특히 주목할 만한 점은 교사의 변혁적 역할에 대한 강조이다. 이 책은 교사들이 기존의 전통적인 방법을 넘어, 자기 성찰과 함께 지속가능성을 위해 변화의 주체로서 역할을 수행할 것을 촉구한다. 다양한 사례 연구와 협력 프로젝트는 공통의 목표와 행동을 통해 의미 있고 지속가능한 변화를 달성할 수 있음을 잘 보여준다.

결론적으로, 이 책은 지속가능한 미래를 위해 교육에 헌신하는 교육자, 관리자, 정책 입안자들에게 귀중한 자료가 될 것이라 기대한다. 이 책은 우리에게 새로운 교육 패러다임을 생각하게 하며 지금 할 수 있는 것부터 실천하고 협력하며 연대할 것을 촉구한다. 이 책이 우리 모두에게 지속가능한 미래를 향한 지혜와 실천의 길을 밝히는 소중한 지침서가 되기를 바란다.

김남희(강원대학교 유아교육과 교수)

머리말

미래사회에서 영유아 교육기관의 교육은 어떤 모습일까? 불안한 미래와 영유아 교육기관. 영유아를 위한 미래 교육을 상상해 보면 확실한 건 하나도 없어 보인다. 해마다 줄어드는 우리나라 출생률과 현재는 운영이 잘 되고 있지만, 내년을 예측하기 어려운 요즘 영유아 교육기관들. 우리나라의 초 저출산 실태는 일부 사람들의 문제가 아니다. 먼 나라 이야기 같았던 정치나 문화적 이슈 앞에서도 우리는 과거보다 나와 우리의 문제로 인식하고 더 나은 삶을 위해 여러 시도를 하고 있다. 그러나 녹록지 않은 현실 앞에 어려움을 겪고 있는 것이 사실이다. 이러한 여러 사태들 앞에서 수많은 시행착오와 역사의 교훈을 얻으며 현재를 사는 우리는 깨달았다. 지금의 문제를 잘 해결하기 위해서 우리 모두가 함께 지혜를 모아 할 수 있는 것부터 지속적으로 해야 한다는 것을.

지구환경 위기 역시 우리의 삶과 밀접해 있다. 출산 문제만 보더라도 동 시대를 살아가는 사람들의 삶에 얽혀 영유아 교육기관의 생존, 나아가 미래의 삶에도 영향을 미치고 있다. 지구환경 위기 문제는 이와 비교할 수 없을 정도로 중대하고 시급하다. 전 세계의 생존과 맞닿아 있기 때문이다. 앞으로도 지속가능한 사회, 다음세대가 존재할 세상이 지속되려면 지금 우리는 무엇부터 해야 할까. 이러한 고민은 우리 모두가 해결해야 할 공동의 과제이다.

몇 해 전부터 저자들은 기존에 우리가 해 오던 영유아 교육기관의 운영, 현장지원 방식이나 교사교육 내용으로는 더 이상 지속가능한 사회로 갈 수 없다는 문제의식을 갖기 시작했다. 저자들의 그 고민은 새로운 교사교육과 현장지원 방식으로 변화하도록 이끌었다. 이 책은 영유아 교육기관의 교사와 원장님이 교육의 주체들이 '함께하는' 지속가능성 패러다임으로 더 나은 실천을 해 나가도록 삶의 역량을 지원했던 이야기이다. 2023년부터는 몇몇 영유아 교육기관에서 관련 교육을 요청받게 되었다. 그러면서 우리는 ESG 가치와 ESD(지속가능발전교육) 문헌과 다양한 사례들에 대해 더 관심을 갖게 되었다. 곧 닥쳐올 지구환경의 더 큰 재앙은 우리 모두의 삶의 방식을 송두리째 바꿔 버릴 것이고,

영유아를 위해 우리는 어떤 교육이 최선인지를 다시 새롭게 생각하도록 충분한 명분을 주었다.

우리의 문제의식은 글과 강의로 여러 사람들에게 전달되었다. 사실, 큰 기대를 품고 시작한 일은 아니었다. 놀랍게도 우리가 쓴 글은 다양한 계층의 사람들의 관심을 끄는 인기글로 공감을 이끌었다. 올 해부터는 'ESG 교육과정, ESD 교육'과 같은 검색어로 상위 링크를 연속해서 기록했다. '더좋은보육채널'의 블로그 글이 인기 글이 된 성과는 우리 중 누구도 상상하지 않은 일이었다.

어떻게 이런 일이 우리에게 일어났을까? 여러 이유가 있겠지만 한 가지는 불확실한 미래를 살아가는 사람들이 보다 잘 살고 싶은 욕망에서 비롯된 일이라 생각한다. 인류가 수천 년 동안 삶의 터전으로 삼은 지구가 파괴된다면, 우리의 미래, 다음세대의 삶은 무엇도 보장할 수 없다. 더욱이 교육자는 다음세대가 보다 나은 삶을 살아가도록 교육을 통해 실천하는 최일선에서 일하는 사람들이므로 지속가능한 발전을 위한 교육에 관심을 갖는 게 당연하다. 아마도 독자들은 영유아들을 사랑하는 사람이며, 지속가능한 교육을 인류 공명의 과제로 인식하는 데 가까이 서 있기 때문에 이 책을 선택했을 것이다.

'더좋은보육채널'을 통해 축적된 ESG, ESD 시리즈 글은 독자들의 지지와 공감으로 표현되면서 책이 되기까지 큰 힘이 되었다. 여러 고민 끝에 2024년 2월부터 저자들은 본격적으로 책을 준비하기에 이르렀다. 저자들은 그동안 써 온 글과 강의 내용을 정리했고 기존 이론에서 더한 교육적 상상력으로 실천 내용들을 새롭게 구성하였다. 이 책은 지속가능한 사회와 더 나은 영유아 교육기관을 위해서 교육의 주체들이 어떤 인식을 가져야 하는지, 어떤 방법으로 실천해야 하는지를 안내하는 내용을 담았다. 앞으로 더 많은 영유아 기관들이 ESG 가치와 ESD(지속가능발전교육)로 '유아-교사-부모가 함께하는 실천교육', '협력공동체 운영', '삶의 역량을 키우는 교사교육', '민주적인 조직문화' 등으로 더 다양한 실천을 시도될 수 있길 바란다.

이 책은 총 4부 및 부록으로 나누어져 있다.

제1부는 ESG 가치로 영유아 교육현장의 실정을 다시 생각하는 시간을 갖도록 집필하였다. ESG 가치가 영유아 교육기관에 어떤 의미인지, 그 중요성을 지속가능성의 패러다임으로 살피고 인식하는 방향에서 내용을 구성하였다.

제2부는 영유아 교육기관들이 기존에 실천해 온 사례들을 새로운 시선으로 '운영'과 '교육과정'을 다시 살펴보면서 교육적 상상력을 더하였다. 여기에서는 'ESG, ESD : 지속가능발전교육'의 새로운 렌즈를 통하여 지속가능한 교육과정과 운영 내용들의 재정향을 모색하는 시간이 될 것이다.

제3부는 'ESD 교육적 상상력의 실제' 내용을 담았다. 2023년부터 현재까지 저자들이 실제로 영유아 교육기관과 협력공동체가 되어 적용하고 실천한 사례를 제시하였다. 2024년 저자들은 실제로 기관을 방문하여 교사들과 함께 교사교육, 협력 공동체 소모임 등을 통해 ESG, ESD 가치를 공유하며 불확실한 미래 교육의 기로에 선 우리의 정체성을 함께 모색하고 교사의 역할을 성찰해 보았다. 올해는 저자들이 '협력공동체'의 구성원으로 참여하여 함께하는 나누고 배우며 협력한 내용을 실천해 보았다. 5개 놀이 사례 중 2개는 현장에서 실제로 지속가능한 프로젝트의 실천과 지원한 내용이다.

제4부는 ESD를 실천하기 위한 교사의 변혁적 역할에 대한 기록이자 사례이다. 지속가능한 사회를 위해서 교사는 성찰 역량과 같은 전문성을 가져야 한다. 성찰하는 교사의 역할을 인식하고 실천을 돕는 자료, ESD를 실행할 때 교사들이 '동료와 함께하는 성찰'을 쉽게 적용할 수 있도록 서식도 포함하였다. 또한 협력공동체가 한 자리에 모여 함께 성찰한 사례를 담았다.

마지막으로 부록에는 영유아 교육기관에서 쉽게 실천할 수 있도록 정보 자료를 한데 모았다. 가정과 지역사회 연계를 돕는 자료와 프로젝트 활동을 위해 사용한 설문지, 인터넷 정보 자료를 정리하였다. 바라기는 이 책이 지속가능한 사회를 위해, 소중한 아이들이 살아갈 세상을 위해 일하는 분들에게 친절한 안내자가 되었으면 좋겠다.

여기저기서 ESG, ESD 특강과 교사교육을 소화하면서 바쁜 시간을 보냈지만, 최대한 빠른 시일 내에 출간하여 보다 많은 현장의 실천을 돕고 싶었다. ESD 사례는 책 발간 이후에도 현장지원이 진행되나 시기상 두 가지 프로젝트 실제만 싣게 되어 못내 아쉽다. 그럼에도 세상으로 보내는 이유는 우리가 못다 한 실천들이 이 책을 읽는 사람들의 시선으로 현장 곳곳마다 번져 나갈 것으로 기대하기 때문이다. 교육적 상상력으로 고안한 우리의 행보는 앞으로도 이어질 것이다.

이 책은 교육의 동지로 함께 동고동락해 온 저자들이 서로에게 깊은 신뢰와 감사를 기록한 작품이 되었다. 책 발간을 위해 저자들은 물리적인 거리의 한계를 넘나들며 열린 마음으로 서로의 생각을 듣고 나누는 일에 전심을 다하였다. 돌 된 아기가 낯선 세상을 향해 걸음마를 떼듯, 우리가 함께하는 공동체인 '더좋은보육채널'은 9월로 만 1년을 맞이하게 되었다. 돌상을 차리는 부모가 정성을 다하듯, 우리가 삶과 교육을 대하는 '진정성'을 담고자 노력하였다. 책이 만들어지기까지 이 모든 시간들은 서로에게 배움과 신뢰와 깊은 울림이 되었다.

책이 세상에 나오려면 많은 사람들의 수고의 손길이 필요한 것도 새삼 깨달았다. 항상 다음세대를 위해 뜻있는 복지와 보육사업의 길을 앞서서 만들어 가는 삼성복지재단의 아낌없는 격려는 큰 힘이 되었다. 바쁘신 중에도 '추천사'로 용기와 힘을 주신 삼성복지재단 김성원 상무님, 배화여자대학교 이윤선 교수님과 강원대학교 김남희 교수님, 신생 연구소의 출판 기획서를 귀하게 봐 주신 공동체 출판사 상무님, 책의 가치를 발견하여 제작해 준 공동체 출판사에 고마움을 전한다. 특별히 교사들의 성장과 배움을 위해 현장 연구기관으로 참여하여 생생한 목소리를 나누어 주신 천안삼성어린이집 원장님과 교사들의 기여에도 감사의 마음을 전한다.

하나의 글에서 책이 되기까지 출발점이 된 '더좋은보육채널 블로그'가 구독자들의 삶에 조금이나마 도움이 되었으면 하는 바람이다. 끝으로 항상 따뜻한 쉼과 울타리가 되어 준 부모님과 가족들, 사랑하는 남편과 귀한 자녀 윤서, 하람, 지율에게도 고마움을 전한다. 무엇보다 이 책을 쓰는 과정에서 우리에게 영감을 주시고 목적이 이끄는 삶으로 모든 것이 되어 주신 하나님께 진심으로 감사드린다.

2024년 9월

더 좋은 사회를 꿈꾸며 **저자 일동**

차례

| 그림 목차 |

| 표 목차 |

| 서식 목차 |

제1부

왜 지금인가?

ESG 가치로 영유아 교육 바라보기

“지속가능한 사회를 위해 우리는 어떤 삶을 살아야 할까?”

“지속가능한 삶을 위한 교육은 어떤 모습이어야 할까?”

저자들은 이 두 가지 물음을 가지고 글을 써내려 가기 시작했다.
이것은 우리가 존재할 미래를 그려볼 때 꼭 필요한 물음이다.
지속가능한 삶은 더 이상 미룰 수 없는 우리 모두에게 당면한 과제이기 때문이다.
지구 존재에 대한 불투명함은 영유아들의 미래도 꿈꾸지 못하게 만든다.
우리에게 낯설지 않은 ESG의 가치와 ESD로 미래를 함께 그려보자.

이번 장에서는 지속가능성 패러다임을 공유하는 ESG와 ESD의 관계,
그 관점으로 바라보는 영유아 교육과정 재정향의 의미와 가치에 대해 살펴보고자 한다.

이는 영유아 교육현장의 지속가능한 삶과 교육에 대한 이해를 도울 뿐만 아니라,
ESD를 위한 성찰과 협력의 기준점이 될 것이다.

01 ESG 가치, 그 이유

인류의 미래는 지구환경 위기로 인해 생태적 사고를 요청받고 있다. 자연이 가장 작은 것부터 큰 것까지 서로 관계 맺고 있다고 생각할 때, 오늘날 지구환경 문제는 더이상 환경 운동가들만의 문제가 아니다. 인류가 직면한 이 문제는 우리 모두의 문제이다. 현재 그리고 미래를 위하여 우리는 이 문제를 공동의 문제로 인식하고 해결해 나가야 한다.

> 우리가 어디에 사는 누구이든지 간에,
> 우리는 다시 한번 감수성과 책임감을 가지고 다양성을 바탕으로 평화를 이룩해야 한다.
> 다양성은 결코 갈등과 혼란에 대한 하나의 처방에 불과한 것이 아니다.
> 다양성은 사회적, 경제적, 환경적 의미에서 지속 가능하고 정의로운 미래를 위해 우리가 취할 수 있는 유일한 선택이다. 다양성은 바로 우리가 생존할 수 있는 유일한 방편인 것이다.
>
> -반다나 사바(2000:214), 자연과 지식의 약탈자들. 당대-
>
> 우리가 계속해야 할 것은 무엇인가?
> 우리가 중단해야 할 것은?
> 창조적으로 새롭게 만들어 내야 할 것은 무엇인가?
>
> -유네스코, 유네스코 한국위원회(2022), 함께 그려보는 우리의 미래-

이러한 사회 문제를 해결하기 위해, 영유아 교육은 어떠한 모습이어야 할까? 교육은 더 이상 개인의 발전과 기존 지식의 답습에 머물러서는 안 된다. 영유아 교육기관은 기존의 방식에서 변화하여, 정의로운 미래를 탐구하고 발견하며 실패의 가능성과 에너지를 지닌 '장(場)'이 되어야 한다.

이를 위해 영유아 교육기관의 운영자, 교사들은 우리가 계속해야 할 것은 무엇인지, 중단해야 할 것은 무엇인지, 창조적으로 새롭게 만들어 내야 하는 것은 무엇인지에 대해 반성하며 새로운 삶을 살아가야 한다. 영유아와 부모 역시 당면한 문제들을 비판적으로 바라볼 수 있는 주체가 되어야 한다. 우리 모두가 그려보는 미래는 사회구성원 모두가 자신과 사회 그리고 지구를 위한 최선의 선택을 할 때 가능하며, 그 미래는 바로 나로부터 출발한다.

지속가능한 미래를 향한 선택, ESG 가치로 그리는 교육은 영유아와 시작할 수 있다. 영유아는 새로운 방식으로 세상을 바라보는 잠재력을 가지고 있기 때문이다(유네스코, 2022). 지속가능한 삶을 위해 필요한 교육의 첫 단추는 익숙한 것을 낯설게 바라보는 스스로에 대한 질문이다.

"영유아 교육은 이대로 괜찮을까?"

미래교육의 화두는 지속가능한 사회이다. '지속가능한 사회'의 개념은 1972년 로마클럽 「성장의 한계」 보고서를 통해 처음 등장했다. 이 보고서에서는 환경의 위험이 인류 사회에 미칠 영향을 예견하며, 현재의 사람들의 욕구를 위해 미래 사람들의 역량을 훼손하지 않고 여러 세대가 걸쳐 살아갈 수 있는 사회(도넬라 H, 데니스 L, 오르겐 랜덧, 2002)로서 지속가능한 삶을 제안했다.

지구의 한계는 곧 나의 삶, 우리의 삶에도 한계를 가져온다. 세계 곳곳에서 발생하고 있는 자연재해는 자연의 포용력이 한계점에 달했음을 극명하게 보여준다. 지구라는 생태계에서 살아가는 우리는 기후 위기로부터 자유로울 수 없으며, 오늘을 사는 우리는 누구나 예외 없이 내일을 맞이한다. 유한한 인간의 생명, 고갈된 자연 유산, 그 안에서 살아갈 우리는 잘 살아갈 방안을 모색해야 하는 공동의 과제를 부여받았다.

인류의 문제 앞에 이미 국내 유수의 기업들은 E(Environmental), S(Social), G(Governance)의 가치를 경영을 위한 변혁의 축으로 앞장서서 실천하고 있다. 기업들은 지구환경 위기라는 인류 공명의 과제를 해결하기 위해 지속가능성의 렌즈로 경영 전략에 새로운 시도하였다. 예를 들어, '사회적 계약', '책임 경영' 등으로 기업은 기존의 지배구조를 변화시키기 위해 가속페달을 밟아 왔다.

이에 발맞춰 지속가능발전교육(ESD : Education for Sustainable Development)은 증가하는 사회 문제와 과제들을 해결하기 위해서 교육이 필요하다는 인식에서 출발했다. ESD는 학습자가 지속가능한 사회로 변화시키기 위한 실천을 지향하며 혁신적인 교육 접근을 취하고 있다(유네스코, 2021). 즉, '교육'이 위기의 지구를 구할 수 있는 가장 효과적인 방법임을 강조하며, 교육에 대한 새로운 지향점을 제시하였다.

이 교육은 참여하는 구성원이 스스로 목적의식을 가지고 자신을 풍요롭게 하는 삶이 실현되는 세상을 만들기 위해 서로 협력하는 방식을 추구한다(유네스코, 2022). 이러한 가치와 방향성은 우리에게 기존의 구조를 허물고 지속가능한 사회를 위한 삶의 방식과 변혁적인 교육을 촉구한다. 즉, 개인의 성취가 중요했던 과거의 관념을 탈피하여, 사람이 세상과 관계 맺으며 살아가는 인간의 위치를 재정립하는 것에서부터 시작되어야 함을 시사한다(유네스코, 2022).

미래사회의 주역인 영유아들 그리고 그들을 교육하는 영유아 교육현장 역시 예외일 수 없다. ESD의 목적은 미래사회를 살아가는 역량 있는 지구공동체 시민을 길러내기 위함이다. ESD는 평생교육의 차원으로 연령의 경계가 없고 어떤 누구도 차별받지 않아야 한다. 오히려 ESD의 가치를 지향하고 실천하기에 적합한 영유아 교육기관은 교육을 통해 더 적극적인 변혁과 전략적인 접근이 가능한 곳으로 보아야 한다. 이를 위한 다양한 시도가 자유롭게 가능한 곳이 바로 영유아 교육기관이기 때문이다.

영유아 교육기관은 ESD를 위한 무한한 가능성을 지닌 곳이다. 영유아가 함께 놀이하며 매일 갈등이 일어나는 공간이며, 그 갈등을 해결하는 방법을 함께 배워 나갈 수 있는 장소이다. 본래 영유아는 놀이하며 더 재미있는 놀이를 위해 이전의 놀이를 회상하고 자신의 삶을 성찰하는 주체이다. 또한 영유아 교육기관은 다양한 세대가 만나 함께 협의하며 새로운 문화를 만들어 갈 수 있으며, 가정과의 연계가 자유롭다(유네스코, 2012). 이는 영유아의 배움이 삶으로 이어지는 것을 더 용이하게 할 뿐 아니라 영유아들이 장소에 제한받지 않고 일상에서 상상력을 펼쳐가는 것을 가능하게 한다.

지속가능한 사회를 만들어 가기 위해 교육이 가진 그 중요성에도 불구하고 영유아 교사들을 대상으로 한 ESG 관련 인식조사 인터뷰 결과는 희망적이지 않다. 인터뷰에서 교사들은 'ESG, ESD 관련 직무교육 부족', '참고할 만한 현장 사례와 자료집 개발 요구', '실천 이해를 돕는 교육의 필요'와 '현장에서 실천에 도움받을 사례 부족' 등으로 인해 ESG 가치를 이해하고 교육하는 것에 어려움을 겪고 있는 것으로 나타났다(지옥정, 김미애, 유영의, 권이정, 김경숙, 2023). 여기에서 우리는 영유아 교육현장을 위한 ESD의 실천을 돕는 방책이 강구되어야 함을 알 수 있다.

또한 ESD와 관련하여 영유아 교사를 위한 많은 연구들이 있지만, 영유아 교육기관 이해관계자들이 그 의미를 제대로 인식하고 실천할 수 있도록 지원하는 교육은 반드시 필요하다. ESD를 실천하는 주체인 교사들은 끊임없이 본인들이 실천하는 내용과 목적 안에서 자신을 들여다보며 더 나은 방향으로 함께 만들어 갈 태도와 의지를 가져야 한다.

그러나 지속가능한 사회를 실천하기 위해 교사가 무엇을 알고, 어떤 행동을 해야 하는지를 알 수 있는 연수나 교사교육이 턱없이 부족한 실정이다. 정책입안자들과 장학을 담당하는 기관들은 지식과 지혜를 모아서 새로운 방향을 제시해 주어야 한다. 또한 영유아 교육기관의 교육자는 관련 연수와 교육에 적극적으로 참여하며 지식 습득에 그치지 않고 행동해야 한다. 지속가능한 삶을 위한 실천은 더 이상 미룰 수 없기에 영유아, 교직원, 부모가 함께 지속가능한 발전을 위한 교육과 삶의 필요성을 확고히 인식하길 강력히 촉구한다.

여기서 멈추고 함께 생각해 보자.
영유아를 둘러싼 삶에 통합되는 지속가능한 실천, 지속가능한 실천이 통합되는 교육과정 운영으로 현재 영유아 교육기관은 기존의 교육을 재정향해야 할 책임이 있다.
그럼, 우리가 가장 먼저 해야 하는 일은 무엇이라고 생각하는가?

02 ESG와 연결되는 ESD

ESG는 환경(Environmental), 사회(Social), 거버넌스(Governance)의 약자이다. 국내에서 ESG의 실천 사례를 찾아보면 교육보다 기업이 압도적이다. 기업이 지속가능 경영을 위해 ESG 핵심가치를 추구하는 문화는 보편화되었다. 과거에는 기업의 재무지표가 기업을 평가하는 가장 중요한 요소였지만, 오늘날 기업 경영은 과거와 다르게 지속가능한 미래를 만들기 위한 실천을 지향하는 '지속가능성 패러다임' 안에 놓여 있다.

소위 영향력 있고 착한 기업으로 평판을 얻기 위해서는 지속가능한 성장을 위해 재무지표뿐만 아니라 E-기후변화, 탄소배출, 환경오염, 생태계 및 생물다양성을 위한 노력, S-데이터 보호 및 프라이버시, 인권, 성별평등 및 다양성, 지역사회 관계, G-이사회 및 감사위원회 구성, 뇌물 및 반부패, 기업윤리에 대한 평가가 함께 이루어져야 한다(https://esg.krx.co.kr).

지속가능발전교육을 의미하는 'ESD'란 무엇일까? 'ESD'는 영어로 'Education for Sustainable Development'의 약자이며, 이 뜻을 그대로 번역하면 '지속가능발전교육'이다. ESD는 지속가능발전의 개념과 내용 등에 대한 학습 과정인 동시에 지속가능발전을 달성하기 위해 필요한 의지와 역량을 길러주는 과정으로서 교육을 의미한다(https://asp.unesco.or.kr).

국제사회는 유엔총회에서 2005년부터 10년을 '유엔 지속가능발전교육 10년(UN Decade of Education for Sstainable Development, 2005-2014 : DESD)으로 지정하였고, 유네스코를 그 선도기관으로 정하였다. 그 후, 유네스코에서는 모든 사람들이 질 높은 교육을 받고 지속가능한 미래와 사회 변혁을 위해 배울 수 있는 ESD(지속가능발전교육)를 밝혔다.

그럼, ESG와 ESD는 서로 다른 것인가? ESG와 ESD는 분리될 수 없다. ESG 가치는 영유아 교육기관 운영의 전반적인 패러다임으로 운영의 각 요소마다 영향을 미친다. 그리고 영유아 교육기관의 교육은 ESD로 실천되고 교육은 가정-영유아를 모두 변화시킬 변혁적인 도구가 된다.

ESG와 ESD는 용어 자체로도 유사한 이름이고 이 둘의 지향점도 서로 유기적으로 연결되어 있다. ESG와 ESD의 가치와 철학의 기저는 우리가 지속가능한 삶을 살아가는 데 꼭 필요한 것으로 중심에 두고 분절시키지 않아야 한다. 그동안 서로 다른 용어로 사용해 왔어도 중심축에는 '지속가능성 패러다임'이라는 공통의 가치가 자리 잡고 있다. 다음 [그림 1]을 통해 ESG와 ESD의 관계망을 이해해 보자.

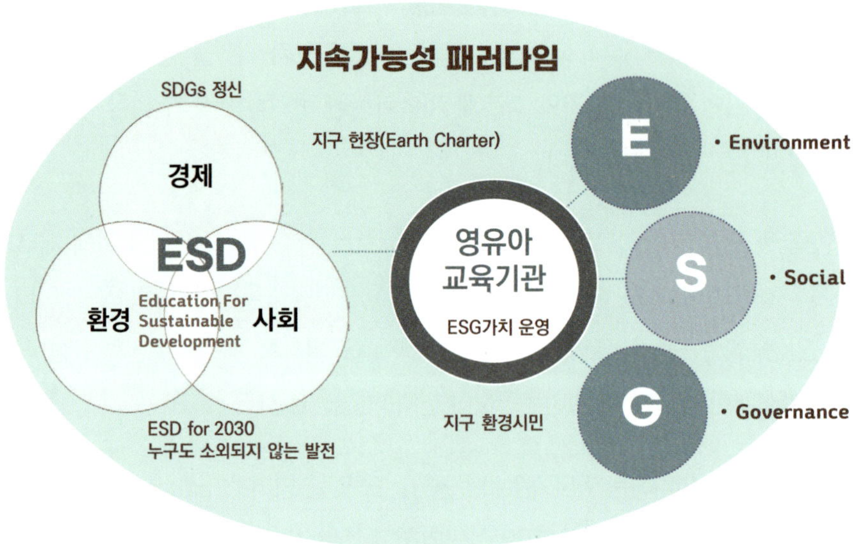

[그림 1] ESG와 ESD의 관계망

이 둘은 '지속가능성의 렌즈'를 중심축으로, 지구환경 위기라는 인류의 과제를 해결하기 위한 노력으로 생성되고 연결되어 있다. 유한한 자원과 환경 위기에 적극적으로 맞서는 지혜로 서로 관계되어 있는 정신으로 보아야 한다. 무엇이 먼저이고 어떤 것이 더 중요한 개념인지는 이들 관계에서 불필요한 논의다. 이 둘은 서로 긴밀하게 연결되어 있고 개념과 모습 또한 진화한다. 절대적인 개념도 아니다.

ESG, ESD 둘 다 지구환경 위기에 선 인류의 문제 앞에서 지속가능한 사회를 만들기 위해 계속적으로 변해가는 패러다임에 해당한다. ESG, ESD는 지속가능성의 패러다임을 공유하며 인류가 지구환경, 자연과 더불어 살아가는 데 필요한 지식, 문제, 기술 등에 대한 의미를 해석하고 선택할 수 있도록 돕는다.

관점과 시선에 따라 지식도 사회문화 해석도 고정적이고 불변적이지 않다. 사회와 문화, 지식도 '진화'하는 개념이다. 진화하는 것이 반드시 처음보다 더 좋아진다는 의미는 아니다. 완성형이 아니라 되어가는 것, 변화해 가는 것으로서의 의미이다. 저자들은 ESG와 ESD 관계망을 위와 같이 살폈으나 언제든 변화될 여지를 두고 있다.

03 지속가능성 패러다임으로 바라보기

우리에게는 새로운 실천이 필요하다. 이를 위해 먼저 해야 할 일은 '지속가능성의 패러다임'을 '공유하는 일'이다. 철학을 공유한 실천은 자신의 실행에 대한 의미를 부여하며, 주어진 일을 넘어서서 새로운 실행을 가져오기 때문이다.

사전적인 뜻으로 지속가능성 사회는 현재 세대와 미래 세대까지를 포괄하는 생태계 구성원 모두가 보다 계속적으로 건강하게 잘 사는 의미가 있다(네이버 국어사전). 우리의 미래에도 지속가능한 사회를 만들기 위해서는 현재의 문제를 파악하고 개선하는 방향으로 교육해야 한다. 이를 위해 '지속가능성 패러다임'은 중요한 해석의 틀이 될 수 있다. 미래 세대가 지속가능한 사회에서 살기 위해서 경제적 · 사회적 · 환경적 정의에서 ESG 가치나 ESD를 해석해 보아야 한다.

지속가능성의 패러다임으로 본다면 '교육'을 하는 영유아 교육기관은 개인의 소유가 될 수 없다. 지속가능성의 패러다임 안에서 영유아 교육기관은 지속가능한 사회를 위한 공공의 목적을 달성하기 위한 비전을 품고 자신과 지역사회 나아가 사회경제적으로 함께 살아가는 웰빙을 창조하는 방향으로 운영되어야 한다(유네스코, 2012). 즉, 영유아 교육기관 운영은 개인의 이익과 기관을 이용하는 일부를 위해 서비스를 제공하는 것이 아닌 모두가 지속가능한 사회를 살아갈 수 있도록 하기 위한 공공의 노력이자 공동의 책임을 공유하는 측면으로 접근해야 한다(유네스코, 2022).

공공재로서 교육기관은 영유아, 초등, 중등 및 기술 직업훈련 등 모든 분야와 수준에서 양질의 교육을 제공해야 한다. 특히 가장 취약한 계층인 영유아는 기회 활용과 사회적 참여에 필요한 '지식과 기술' 습득을 돕는 평생 학습자로 기회를 제공해야 할 의무가 있다. 그리고 영유아 교육기관은 지속가능한 사회를 위한 영유아의 권리와 역량을 완전히 실현할 수 있는 양육환경을 제공하도록 노력해야 하고 지구공동체에 대해서도 연대의 정신으로 함께하는 노력을 기울여야 한다.

ESG와 ESD 관계망에 대한 이해를 중심으로 지속가능발전을 위한 삶을 고려할 때, 우리는 이제 삶과 교육에 대한 새로운 관점이 필요함에 모두 동의하게 된다. 영유아를 위한 ESD는 '지속가능성의 패러다임'으로 다시 볼 것을 초대하고 있다.

그렇다면 현재 영유아 교육현장은 ESG와 ESD의 가치를 어떻게 실천하고 있을까? 영유아 교육분야의 ESG, ESD의 한계점을 선행연구에서 정리하면 다음과 같다.

■ 부족한 참고 자료와 안내서

영유아 교육현장에서 ESD(Education for Sustainable), SDGs(Sustainable Development Goals)의 중요성에 대한 인식과 실천의 필요성에도 불구하고 그동안 교육현장에서 참고할 만한 자료를 찾기 어렵고 사례 발굴도 부족한 실정이다(김은혜, 이세화, 2023; 최은영, 도남희, 김은정, 장혜진, 김민주, 이솔미, 2020; 최은영, 2022).

■ 환경교육에 국한된 실천 사례

현재 현장에서 실천하고 있는 ESD는 '환경생태교육', '환경교육', '환경보호' 위주의 교육에만 국한되어 있다(김경철, 김은혜, 2019; 김은혜, 이세화, 2023; 최은영 외, 2020; 최은영, 2022). 영유아기 ESD와 관련된 선행연구에서는 '지속가능성', '지속가능발전교육'에 대한 탐색과 논의는 활발한 편이나, 대부분 환경 관련 영역(환경교육, 환경교과/분야)에 초점을 맞추고 현장의 실천 예시도 '환경교육'에 초점이 맞춰진 것으로 나타났다(김은혜, 이세화, 2023; 지옥정 외, 2023; 최은영 외, 2020).

■ 영유아가 직접 경험하는 놀이 사례 부족

선행연구에서는 ESG 가치를 일상생활 상황에 기반이 된 놀이 속에서 영유아가 직접 체험하고 경험하도록 고안된 프로그램 사례를 찾아보기 어렵다. 대부분이 환경의 날, 지구의 날 캠페인, 동식물 보호 등의 환경적 내용만 강조하는 이벤트성 사례가 대부분이다.

영유아 교육기관에서 두 개념의 포괄적이고 사회 변혁을 통해 목적을 달성하고자 하는 운영과 학습자들의 행동, 가치, 삶의 방식을 배우도록 하는 교육 사례는 찾아보기 어려웠다. 이와 달리 고등교육 분야에서는 ESG 가치를 담아 문제를 제기하고 해결하는 방법을 토의하는 과정을 통해 새로운 실천을 만들어 가는 다양한 사례를 찾을 수 있었다. 특히나 코로나19 팬데믹 이후 급격한 사회 변화로 인해 고등교육기관은 지속가능성과 교육의 관계 개념에 대해 주목하고 있다(문지영, 양채원, 2022).

"ESD는 '환경'과 '생태'만 의미하는가? 그렇지 않다."

우리는 ESD나 ESG 용어를 생각하면 '탄소중립', '제로 웨이스트', '생태교육' 등 주로 환경 교육과 관련된 실천 내용들을 먼저 떠올린다. 쉽게 연상하듯이, 현재 우리나라의 ESG, ESD 과정의 내용 대부분이 환경적 요소에 국한되어 있다(지옥정 외, 2023). 본래 ESD는 환경교육만이 아니라 더 넓은 가치를 포함한다(유네스코, 2020).

ESD를 실천하기 위한 프로그램들은 '문화'라는 근원적인 차원과 더불어 지속가능성의 '환경', '사회', '경제' 요소를 고려해야 한다. ESD는 이 세 가지 요소가 함께 움직일 때 지지를 받는다. 각 요소를 고려하지 않은 정책이나 해결에 관한 논의들은 그 효과가 미미하거나 실패할 수 있다(존 시라지-블래치포드, 킴벌리 스미스, 잉그리드 사무엘슨, 2012).

이 세 가지 요소는 우리가 고민하고 해결하려는 문제에 모두 포함되지 않을 수는 있다. 각각의 이슈와 문제에 따라 고려되어야 하는 가치가 다를 수 있기 때문이다. 예를 들어, 공정무역의 가치 앞에서는 빈곤 등의 사회적 이슈가 더 고려될 수 있으며, 영유아가 놀이하는 친환경 장난감은 과연 무엇이, 어떻게, 누구에게 친환경 장난감인가 하는 생각의 전환을 위해 환경적, 사회적, 경제적 이슈를 모두 고려할 수 있다. 때문에 우리에게 필요한 것은 당면한 문제를 해결하기 위해 어떠한 요소들이 더 고려되어야 하는지에 대한 고민이자 비판적 의식이다.

ESD를 생각하며 환경적, 사회적, 경제적 요소들의 가치들에 대해 다시 한번 살펴보자. 그리고 우리가 문제를 대하는 태도와 내용에 대해 함께 고민해 보자.

■ 첫 번째, 환경적 요소

ESD의 환경적 요소는 무엇을 의미할까? 영유아 교육기관의 현장에서 이루어지는 ESD는 대부분 지구를 아끼고 보호하기 위해 필요한 활동 소개가 주를 이룬다. 이러한 활동에서 영유아는 자연을 보호하는 수호자의 모습이다(유네스코, 2022). 그러나 참여, 협력, 연대를 중요시하는 ESD에서 자연은 사람에 의해 보호받아야 하고, 사람은 자연을 보호해야 하는 것으로 자연과 사람을 분리시키지 않는다. 지구는 우리를 위해 저기 바깥에 동떨어져 존재하지 않기 때문이다. 이런 관점에서 환경적 요소의 내용을 살펴보자.

첫 번째, 자연과 우리는 더불어 살아가는 관계 속에서 살아가고 있다는 것에 대한 재인식이 중요하다. 이를 위해 영유아는 자연에서 충분히 뛰어놀며 자연이 주는 즐거움을 마음껏 누려야 한다. 영유아에게 지구는 아프고, 지켜줘야 하는 존재가 아닌 나에게 즐거움과 기쁨을 주는 관계로의 변화는 영유아가 지구를 바라보는 새로운 시선을 제공하고, 이는 긍정적 관계를 맺는 첫걸음이 될 수 있기 때문이다(ESP, 2018 : 2, 한국교육개발원, 2023 재인용)

두 번째, 영유아는 기후변화가 미치는 영향에 대해 거시적으로 생각할 필요가 있다. 기후변화는 지금 당장 이상기후, 미세먼지 등으로 우리에게 피해를 주기도 한다. 하지만 더 큰 피해를 입고 있는 사람들 대부분은 경제 발전으로 인해 자연과 지구환경을 망가뜨리는 주범이 된 부유한 국가가 아닌 빈곤 국가 소외된 계층이다. 이 때문에 우리는 그들에 대한 동정심으로 환경 위기에 접근한다. 하지만 기후위기는 그들만의 문제가 아니며, 그들의 삶을 지원하는 것에서 멈춰서는 안 된다. 지구의 생태계의 상호 의존성에 대한 이해를 통해 기후변화의 위기는 어느 한 국가의 문제와 그 국가가 해결해야 하는 문제가 아닌 서로 연결되어 있는 문제임을 인식할 수 있어야 한다.

세 번째, 일상의 다양한 영역에서 환경에 대해 생각하고 실천해야 한다. 영유아가 일상에서 실천할 수 있는 내용들을 함께 고민하며 실천에 옮기는 것이 필요하다. 이는 작은 실천을 넘어서서 영유아가 일상의 삶 속에서 습관적으로 행하는 행동들에 대해 비판적으로 생각해 볼 수 있는 기회를 제공해야 한다. 즉, 영유아에게 필요한 것은 끊임없이 질문을 던지며, 스스로 지속가능한 삶을 살아가고 만들어 갈 수 있도록 하는 역량의 함양이다.

즉, ESD 과정의 환경적 요소 접근은 영유아가 자신에게 처한 문제부터 먼 이웃 나라까지 거시적인 문제까지를 인식하고, 문제 해결 방법을 탐구하며, 자신의 가치를 형성해 나갈 수 있어야 한다(존 시라지-블래치포드 외, 2012). 이를 위해 교육은 환경캠페인 등의 이벤트에서 머물러서는 안 된다. 환경적 요소를 담은 많은 이슈들이 영유아의 삶 속에 놀이로 통합되어 스스로 더 나은 선택을 하기 위한 지원을 꾸준히 제공해 주어야 한다.

■ 두 번째, 사회적 요소

영유아 시기는 나를 발견하고, 가족구성원으로서 자신의 정체성을 발달시키며 또래와의 관계를 통해서 서로의 다름과 차이를 편안하게 받아들일 수 있는 시기이다(유네스코, 2022). 그렇기 때문에 영유아 시기의 사회적 요소의 관심과 교육은 더욱 필요하다. 사회적 요소의 첫 번째 가치를 살펴보자.

첫째, 지구 공동체 시민으로서 자신에 대한 인식이다. 세계화로 인해 세계의 상호 의존성과 상호연결성은 점점 더 돈독해지고 심화되고 있다(유네스코, 2022). 몇 해 전 우리가 겪은 코로나19 팬데믹만 생각해 보아도 그 연결성을 쉽게 이해할 수 있다. 특히나 이상기후, 미세먼지 등의 환경 문제는 전 세계적인 자원 낭비, 약탈과 맞물려 서로 악영향을 주고받고 있다. 이는 어느 한 사람, 한 국가의 문제가 아니며 일부 국가의 노력만으로도 해결될 수 없는 문제임을 우리는 이미 인식하고 있다. 따라서 우리는 자신과 자신이 속한 집단의 이익을 우선하는 개인주의에서 벗어나 서로 연관되어 있는 지구의 시민으로서 공동의 이익을 위해 협력하는 관계 속에서 자신의 정체성을 세울 수 있어야 한다(유네스코, 2022).

둘째, 문화적 편견과 인종차별에 대한 고민이다. 우리는 다양한 차별이 존재하는 세상 속에서 살아가고 있다. 특히나 현재의 차별은 눈에 보이는 인종에 대한 것뿐만 아니라 성별, 언어, 민족성, 정치적 난민까지 문화적 편견에 기반한 차별로 확대되어 심각한 사회문제를 야기하고 있다(존 시라지-블래치포드 외, 2012). 즉, 문화적 차별과 편견은 유색인종이 대부분인 우리에게는 일어나지 않는 일이 아니라, 이미 우리 사회 속에서 빈번하게 발생하고 있다. 따라서 우리는 서로 간의 다름을 틀림으로 받아들이는 것이 아닌, 내가 당연하다고 믿었던 것들에 대해 끊임없이 질문하고 상대방에게 귀 기울이고 서로를 존중하며 인정하는 자세가 필요하다.

셋째, 돌봄의 윤리와 사회정서 학습에 대한 인식이 필요하다(유네스코, 2022). ESD를 위한 사회적 고려는 빈곤 국가에 대한 도움과 연민의 감정을 넘어서야 하기 때문이다. 돌봄의 윤리란, 약자를 보살피는 개념을 넘어서서 서로를 상호 연결된 존재로 이해하고 서로에게 마음을 쓰고 소중히 여기고 돌봐 주며 도움받는 것을 말한다. 즉, 구체적인 맥락과 상황 속에서 서로를 배려하며 관계 맺기 위해 필요한 마음이 바로 돌봄의 윤리이다(유네스코, 2022). 이는 서로 공감하고 협력하고 편견과 편협성을 다루고 갈등 해결을 탐색하는 학습인 사회정서 학습을 통해 가능하다(유네스코, 2022).

넷째, '만들어진 환경' 안에서 살아가는 나와 우리를 생각할 수 있어야 한다. 우리는 사회가 만들어 내고, 만들어 가는 패러다임 속에서 살아간다. 또한 우리의 삶은 그 패러다임을 변화시키기도 한다. 이렇게 우리는 서로 영향을 주고받으며 내 삶에서 가치 있다고 여겨지는 패러다임을 생성해 가고 있다. 이는 영유아 역시 마찬가지이다. 영유아는 사회, 문화적 이슈로부터 배제되어 있는 존재가 아니다(존 시라지-블래치포드 외, 2012). 예를 들어, 영유아가 가지고 놀이하는 장난감의 소비자로서 영유아를 생각해 본다면, 영유아는 상업적으로 만들어진 환경에 영향을 받는 존재이다. 특히나 영상 접근성이 높아진 요즘 영유아는 광고, 콘텐츠가 만들어 낸 환경과 문화에 상당한 영향을 받으며 살아가고 있다. 그렇기 때문에 우리는 영유아에게 자신이 처한 사회 속에서 패러다임과 문화를 비판적으로 바라볼 수 있게 하는 의식적인 노력이 필요하다.

■ 세 번째, 경제적 요소

ESD의 세 가지 요소 중 경제적 요소에 대한 관심과 숙지는 매우 낮은 수준이다(존 시라지-블래치포드 외, 2012). 하지만 지금도 고통받고 있는 빈곤 국가를 위해 나아가 우리 영유아들이 기업가로 활동할 미래를 생각할 때 경제적 요소 역시 놓치지 않아야 한다.

첫째, 지속가능한 소비습관을 기르는 것이 필요하다. 우리는 매일의 일상 속에서 크고 작은 소비를 하며 살아간다. 그 순간, 잠깐 멈추고 이것이 나에게 정말 필요한 물건일까?라는 고민은 지속가능한 소비 습관의 첫걸음이다. 지속가능한 소비 습관의 또 다른 이름은 '윤리적 소비'이다. 윤리적 소비란, 법적으로 문제가 되지 않더라도 많은 사람들이 옳다고 생각하는 윤리에 기준을 두고 지구환경, 사람, 사회 등을 배려하는 소비를 말한다(아키야마 고지로, 2020). 예를 들어, 공정무역 제품, 장애인 지원으로 만들어지는 상품, 재활용 물건, 사회적 기업 등의 물건을 구입하는 것이 대표적인 윤리적 소비라고 할 수 있다.

둘째, 지속가능한 소비에 대한 패러다임의 전환이다. 예를 들어, 공정무역의 가치는 일부 비도덕적인 기업에 대한 처벌 이상이다. 아동 노동으로 문제가 되고 있는 커피와 초콜릿 생산에 대해서 생각해 보자. 초콜릿의 주원료인 카카오 콩을 수확하기 위해 전 세계 어린이 10명 1명이 학교에 가지 못하고 노동을 하고 있다. 아동 노동의 이면에 숨어 있는 진실은 경제 발전국가의 기업들이 제대로 된 임금을 지불하고 있지 않는 것이다. 가난한 부모들은 아이들을 학교에 보내지 못하게 되고, 아이들은 계속해서 일을 하게 된다. 그리고 그 아이들이 성인이 되었을 때 역시 같은 문제가 반복된다. 즉, 빈곤의 악순환이 진행된다.

그 악순환의 고리를 끊기 위해 기업은 노동의 대가로 정당한 임금을 지불해야 한다. 이는 아동의 교육권의 보장과 나아가 빈곤 국가의 사회 전반적인 발전으로까지 이어질 수 있게 된다(아카야마 고지로, 2020). 이러한 삶을 영위할 수 있도록 하기 위해 우리는 "우리가 매일 소비하는 물건은 어디에서 어떻게 만들어졌을까?", "우리의 선택이 사람들의 삶에 어떤 영향을 미치게 될까?"에 대한 의구심을 가져야 한다.

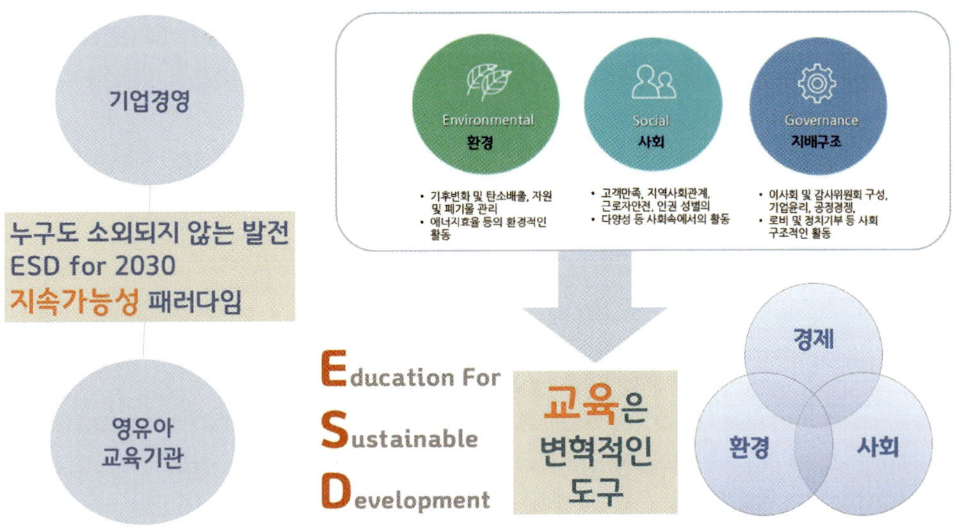

[그림 2] 지속가능성 패러다임으로 영유아 교육기관 운영 바라보기

참고 환경, 사회, 경제적 요소별 내용

[표 1]은 지속가능발전목표의 세부내용(https://un-rok.org/ko)을 요소별로 정리하였다. 각각의 목표는 분리된 것이 아닌 서로 관련되어 달성되어야 한다. 이러한 점을 고려하여 지속가능발전목표는 내용에 따라 세 가지 요소가 모두 다 같이, 또는 한 가지 요소의 내용만 고려될 수 있다. 또한 어느 측면의 내용에 더 중점을 두는가에 따라 분류는 달라질 수 있다.

[표 1] 지속가능발전목표 요소별 내용

요소	내용
환경	• 지속가능성 농업 촉진 • 모두를 위한 깨끗한 물과 위생시설 접근성 보장 • 모두를 위한 적정 가격의 신뢰할 수 있고 지속가능하며 현대적인 에너지에의 접근 보장 • 지속가능한 산업화 증진 및 혁신 장려 • 지속가능 도시 조성 • 기후 변화 대응 • 대양, 바다, 해양자원의 보호와 지속가능한 이용 • 지속가능한 삼림 관리, 사막화와 토지 파괴 방지 및 복원, 생물다양성 감소 방지
사회	• 빈곤종식 • 기아종식, 영양상태 개선, 식량안보 확보 • 건강한 삶의 보장과 전 세대를 위한 복리(well-being) 증진 • 수준 있는 교육 보장과 평생학습 기회 제공 • 양성평등과 여권 신장 실현 • 모두를 위한 적정 가격의 신뢰할 수 있고 지속가능하며 현대적인 에너지에의 접근 보장 • 모두를 위한 깨끗한 물과 위생시설 접근성 보장 • 생산성 및 소득 증가, 건강 및 교육을 위한 사회기반시설 구축 • 국가 내 · 국가 간 불평등 해소 • 지속가능 도시 조성 • 포용적인 사회 조성 • 글로벌파트너십 강화
경제	• 기아종식 • 수준 있는 교육 보장과 평생 학습 기회 제공 • 모두를 위한 깨끗한 물과 위생시설 접근성 보장 • 모두를 위한 적정 가격의 신뢰할 수 있고 지속가능하며 현대적인 에너지에의 접근 보장 • 모두를 위한 포용적이고 지속가능한 성장과 고용 및 양질의 일자리 제공 • 국가 내·국가 간 불평등 해소 • 지속가능 도시 조성 • 지속가능한 소비와 생산 • 글로벌파트너십 강화

놀이 중심으로 진보한 '2019 개정 누리과정'은 우리가 가지고 있던 영유아, 놀이, 교사 역할의 인식의 경계를 넘어서도록 하는 발판이 되었다. 하지만 여전히 운영자 중심의 교육과정 운영이 주류를 이루고 있는 현장의 실정은 교육기관의 현주소를 여실히 보여주고 있다. 이는 교육과정의 운영과 실행을 위해서는 교육기관의 모든 주체들이 패러다임을 이해하고 실천방법이 아닌 실천을 위한 가치의 공유를 통해 지속가능성을 접근해야 함을 다시 한번 상기시켜 준다.

04 새로운 실천으로 '가치' 이해하기

교육은 여러분이 세상을 바꿀 수 있도록 해주는 가장 강력한 무기다.
-넬슨 만델라(Nelson Mandela)-

국제사회는 미래사회를 대비하기 위한 전략으로 '교육'을 최우선으로 꼽고 있다(임현묵, 박환보, 2018). 특히 영유아기는 삶의 이해와 가치 및 실행의 기반을 형성하는 시기라는 것을 염두에 두고, 많은 학자들은 영유아기가 ESD의 결정적인 시기임을 강조한다(김은혜, 2019). 즉, 생애 초 기관인 영유아 교육기관은 ESD의 시작으로서 변혁적인 도구가 되어야 한다. 지속가능한 사회를 위한 교육 목적은 미래사회를 살아가는 협력하고 연대하는 시민을 양성하는 것이다. 협력이란 영유아가 속한 사회 속에서 신뢰를 바탕으로 서로 간의 관점을 이해하고, 경청하고, 비판적인 사고를 공유하는 것을 의미한다(유네스코, 2022).

이를 실현하기 위한 지속가능발전을 위한 교육, ESD는 어떠한 모습이어야 하는가? 그간 우리의 교육은 개인의 성취를 위해 정해진 교육 내용을 누가 더 얼마만큼 더 잘 습득하는지가 가장 중요했다. 하지만 ESD는 자신의 발전을 넘어서서 함께 살아갈 미래를 향해 나아가는 통로가 되어야 한다. 이를 위해 교육은 개인의 성취가 아닌 자신과 세상을 풍요롭게 하는 삶에 대한 고민에서 시작해야 한다. 학습자들이 함께 공동의 목표를 세우고 개인과 공동체가 함께 성취하고 공유할 수 있어야 하며, 자신뿐만 아니라 집단이 동시에 풍요로워질 수 있는 선택을 할 수 있어야 한다.

이러한 교육적 가치를 담은 영유아 교육기관의 교육과정은 어떤 모습으로 구현되어야 할까? 정해진 답도 없고, 정확한 답도 없는 것이 교육적 실천이다. 그렇기 때문에 우리는 마음껏 교육적 상상력을 펼칠 수 있다. 지속가능한 여러 가지 문헌과 선행 연구들에 대한 이해를 바탕으로 지속가능한 미래를 위한 삶의 가치에 대한 몇 가지 생각을 나누어 보자.

■ 첫째, 세상 및 타자와 연결하기

ESD는 학습자로 하여금 새로운 가능성과 자유롭게 마주칠 수 있도록 해야 한다. 이는 우리가 이미 거주하고 있는 공간을 넘어서야 한다는 의미이다. 다양한 세상, 타자와의 마주침과 만남을 통해 틀에 박히지 않은 자유로운 사고와 상상력을 펼쳐 갈 수 있어야 한다. 따라서 영유아 교육은 자신과 가족, 지역사회를 위해 장기적인 사회경제적 웰빙을 창조할 수 있는 방향으로 추진되어야 한다.

■ 둘째, 공동의 이익을 위한 역량을 도모하고 세부적인 실천을 모색하기

공동의 이익을 위해 협력하는 사회계약으로서 교육은 우리에게 지금 그리고 앞으로도 이행되어야 할 책임과 새로운 인식을 요구한다(지옥정 외, 2023). 교육은 협력과 연대에 기반하여 학습자 간의 신뢰 속에서 '세상을 변혁'하기 위해 필요한 능력을 기르도록 해야 한다. 교육은 우리 모두를 풍요롭게 하는 삶을 위해 무엇을, 왜 배우고, 그것이 어떤 의미인지를 결정하는 기회를 제공해야 한다. 동시에 우리가 살아가는 세상, 공동체를 발전시키기 위한 역량 개발을 위한 실천이 이루어져야 한다.

■ 셋째, ESG 가치로 운영자-교사-부모-영유아 각 주체가 함께 협력하는 거버넌스 만들어 가기

ESD는 지구공동체시민 인식을 중요하게 여긴다. 사실 우리는 한 나라의 시민인 동시에 세계시민으로 살고 있다. 전 세계적으로 영향을 미치고 있는 이상기후와 같은 환경 문제는 어느 한 나라의 책임이라 할 수 없으며 한 나라의 노력만으로도 해결할 수 없다. 때문에 우리는 서로 간의 상호 의존성과 연결성을 이해하고, 서로에 대한 문화적 가치와 가치관의 차이를 이해할 수 있어야 한다. 협력의 거버넌스는 개인으로서 내가 아닌 공동의 이익을 위해 협력하는 존재로서 서로를 존중하는 것으로부터 시작된다.

지속가능발전을 위한 새로운 가치로 본다면, 영유아 교육기관은 먼저 운영의 목적과 목표, 연간계획안의 교육 내용 등을 환경, 사회, 경제를 아우르는 통합적인 렌즈로 성찰해야 한다. 성찰은 영유아 교육기관의 각 주체들이 기관 운영을 넘어서서 자신의 삶을 다시 돌아보게 함으로써 새로운 가치를 실천하기 위한 출발점이 되며, 협력의 거버넌스로 '함께하는' 운영을 가능하게 한다. 이를 시작으로 교육 내용에서는 영유아가 자신을 포함한 성인이 서로 다른 생각과 의견을 나누며 협력하는 과정들을 경험하도록 돕는다. 그리고 영유아들이 자신의 의견을 자유롭게 이야기하고 수용하며 나를 세상과 연결함을 통해 지속가능한 삶의 역량을 도모하고 실천하도록 교육자는 지원할 수 있어야 한다.

또한 ESD는 전 세계 사람들의 서로 다른 가치관과 속해 있는 사회의 가치들을 이해하는 것을 핵심으로 본다(유네스코, 2012). 우리는 지속가능성의 맥락에서 각각의 문화, 국가, 집단, 개인의 가치관을 이해하고, 서로의 다름이 틀림이 아님을 받아들이고 공동의 의미를 생성해 나가는 시민으로 살아갈 수 있도록 서로의 가치관을 이해하고 이를 평가하는 능력을 배워야 한다.

잠깐, 멈추고 생각하기

현재 영유아교육기관의 교육과정 실천을 생각해 보자.

- ESD를 위해 계속해야 할 것은?
- 멈추어야 할 것은?
- 더해가야 할 것은?

E
Environmental

S
Social

G
Governance

제2부

ESD : 교육적 상상력

교육적 상상력으로 함께 성찰하기

01 지속가능성의 교육과정 재정향, 무엇이 없는가?

이제 우리가 해야 하는 일은 지속가능성 패러다임에 걸맞게 교육과정을 다시 정리하고 재구성하는 일이다. 영유아 교육현장은 지금 하고 있는 모든 교육적 실천을 지속가능성의 시선으로 다시 보아야 한다. 지속가능발전목표를 의미하는 SDGs는 17개의 목표로 구성되어 있다(그림 3). 환경, 사회, 경제 요소별 각각의 내용은 지속가능발전의 사회, 경제, 환경의 요소 안에 서로 맞물려 있다(그림 4).

[그림 3] 지속가능발전목표

[그림 4] 서로 연결된 지속가능발전목표

영유아 교육기관은 이러한 지속가능목표로 교육과정을 '재정향'해야 한다. 교육과정의 재정향은 영유아가 현재부터 성인이 된 후까지 민주적 사회에 참여하며 지속가능한 방식으로 삶을 살아갈 수 있도록 기관에 기반한 전체 교육시스템을 변화시키는 것(유네스코, 2012)이다. 이를 현장에서 실천하기 위해서는 앞서 살펴본 지속가능발전목표를 포함한 환경, 경제, 사회 내용으로 적절한 지식, 기술, 문제, 관점, 가치 등에 대해 깊이 고려해야 한다. 예를 들어, 현재의 교육내용 중 이미 지속가능발전의 목표를 다루고 있는 것은 무엇인지, 더 포함시켜야 한다면 지속가능성의 문제들(기후위기, 빈곤, 평등, 공정무역 등) 가운데 어떤 문제들을 교육내용으로 포함시킬 것인지를 고민하고 결정해야 한다(유네스코, 2012).

그렇다면 기존의 국가수준의 영유아 교육과정은 ESD와 전혀 다른 방향, 가치를 담고 있을까? ESD의 세 가지 요소를 해석의 도구로 삼고 이제부터 그 의미 읽기를 해 보자. 2019 개정 누리과정 총론에서는 '자연과 더불어 사는 어린이 상'을 품고 있다. 대한민국 교육기본법에도 인류의 환경 재난과 위기 앞에서 인류공영을 위한 노력을 하는 민주시민 교육을 요청하고 있다. 2022년 개정 초 · 중등교육과정 총론에서는 선도적인 가치로 '생태적인 감수성과 교육'을 지향하고 있다. 특히 개정 총론에서는 모든 학교 교육에 생태 전환교육과 생태 시민교육을 포함하고 있음을 알 수 있다.

또한 제4차 어린이집 표준보육과정과 누리과정 개정의 취지 역시, 민주시민으로서 미래사회에 부응하는 교육과정의 공통적인 가치를 담고 있다(보건복지부, 2020 : 17-18; 교육부 · 보건복지부, 2019a). 교육과정의 내용에서는 '함께 실현해 가는 것을 추구'하는 것과 유아의 '행복 추구'에 주목해 보면 미래사회를 살아가는 영유아들이 지속해서 영위할 수 있는 행복권을 전제로 한다.

그런데 지구환경의 위기로 자원 고갈이 확실한 현재를 산다면 미래의 행복은 기대할 수 없는 허상이 아닌가. 때문에 영유아 교육기관은 영유아들이 자연과 더불어 살아가는 역량을 기르고 행복한 시민으로 살아가는 역량을 기르도록 어느 시대보다 더 절박하게 기대되고 있다.

2019 개정 누리과정은 '더불어 사는 사람'이라는 인간상을 제시하고 있다. 더불어 사는 사람은 영유아가 속해 있는 사회(물리적, 인적, 환경 등)와 사회문제, 사람 관계에서 더불어 살아가는 태도의 가치를 포함한다. 용어는 다르지만 누리과정과 ESD에서 추구하는 인간상은 공통적으로 '민주시민'을 반영하고 있다. '민주시민'은 좋은 사회의 실현을 위해 공동체의식을 가지고 자신의 문제의식과 경험을 기반으로 참여하는 교육으로 새로운 시선과 실천하는 사람을 요구한다(김진희, 2017 : 33). 전 지구적 문제가 우리 삶과 분리될 수 없듯이, 사회의 구성원인 사람은 참여와 연대, 협력으로 지속가능한 사회와 가까이 하므로, 개정 누리과정에서 품은 뜻은 ESD의 가치와 연결되는 것임을 알 수 있다.

ESD를 영유아 교육에 자연스럽게 스며들게 하기 위해서는 교육과정과 ESD의 주제(다양성, 인권, 기후 등)를 연결할 필요가 있다. 영유아 교육기관은 초 · 중등교육과 달리 '놀이중심', '생활중심'으로 교과 간의 틀에 갇히지 않고 유연하게 실행하기에 유리하다. ESD를 놀이중심으로 접근하면 영유아(교사, 부모)는 일상적으로 살아가는 삶과 통합을 얻는다. 놀이는 지금 살아가고, 거주하는 공간을 넘어서 그들 자신과 사회를 변혁시켜 나가는 새로운 가능성을 마주하게 한다. 바로 이러한 점 때문에 영유아 교육은 영유아들이 세계의 존재로서 놀이를 통해 지속가능발전의 가치를 배우고 삶의 역량을 키울 수 있다.

유네스코는 ESD에서 교사를 가장 핵심적인 역할을 하는 존재로 본다(유네스코, 2012). ESD를 위한 교사의 역할은 놀이를 이해하고 지원하는 교사의 역할과 다르지 않다. 왜냐하면 교육 과정이 지향하는 가치는 가르칠 대상의 특성을 고려하며 그 목적과 방향 방법을 제시하기 때문이다. 즉, 영유아에게 놀이는 배움이자 삶 그 자체이며 교사는 이를 지원하기 위해 협력하고 성찰해야 한다.

다만, 교사는 자신의 교육 목적이 '지속가능한 삶'을 위한 것임을 이해하고, 자신의 관점을 끊임없이 살피며 그것을 반영하는 교육과정의 내용이 필요하다. 이는 교사들이 기존의 것을 새로운 관점으로 들여다보는 교육과정의 재정향을 이해하고, 교육자로서 책무감을 가지고 이 교육에 적극적으로 참여해야 함을 시사한다.

이제부터는 ESD가 추구하는 핵심 역량 8가지와 교사에게 요구되는 역량을 자세히 살펴보도록하자.

02 ESD를 위한 교사의 역량

ESD는 한 개인이 세계시민으로서 현재와 미래의 환경적, 사회적, 경제적 요소를 고려하여 스스로 자신의 행동을 성찰하는 역량을 개발하도록 하는 것에 그 목표를 두고 있다(유네스코, 2019). 또한 개인은 예측할 수 없었던 다양한 상황 속에서 지속이 가능한 삶을 살아가기 위한 선택을 하며 개인의 삶을 넘어서서 사회, 정치적 과정에 참여하며 나아가는 역량을 개발해야 한다(유네스코, 2019).

이를 위해 유네스코에서 제시한 학습자에게 필요한 핵심 역량은 8가지이며, 다음 [표 2]는 핵심 역량 8가지를 정리한 내용이다.

[표 2] ESD 핵심 역량

핵심 역량	내용
시스템 사고 역량	• 관계를 인지하고 이해하는 능력, 복잡한 시스템을 분석하는 능력 • 시스템들이 어떻게 다양한 영역 및 척도 안에 내재되어 있는지 생각하는 능력 • 불확실성에 대처하는 능력
예측 역량	• 가능한 미래, 개연성이 있는 미래, 바람직한 미래 등 다양한 미래를 이해하고 평가하는 능력 • 미래에 대한 자신의 비전을 창조하는 능력, 예방 원칙을 적용하는 능력 • 행동의 결과를 평가하는 능력, 위험과 변화에 대처하는 능력
규범적 역량	• 자신의 행동에 기초가 되는 규범과 가치를 이해하고 성찰하는 능력 • 이해 충돌과 절충, 불확실한 지식 및 모순의 맥락에서 지속가능성의 가치, 원칙, 목표 및 세부 목표를 조율하는 능력
전략적 역량	• 지역 수준 및 더 넓은 수준에서 지속가능성을 증진시키는 혁신적인 행동을 집단적으로 개발하고 이행하는 능력
협력 역량	• 타인으로부터 배우는 능력, 타인의 필요, 관점 및 행동을 이해하고 존중하는 능력, 타인을 이해하고 관계를 맺으며 민감하게 반응하는 능력, 집단 내 갈등에 대처하는 능력, 협력적이고 참여적인 문제해결을 용이하게 하는 능력
비판적 사고 역량	• 규범, 관행 및 의견에 의문을 제기하는 능력, 자기 자신의 가치, 인식 및 행동을 성찰하는 능력, 지속가능성 담론에서 자신의 입장을 취하는 능력
자아 인식 역량	• 지역사회 및 글로벌 사회에서 자신의 역할을 성찰하는 능력 • 자신의 행동을 지속적으로 평가하고 동기 부여를 하는 능력 • 자신의 감정과 욕구에 대처하는 능력
통합적 문제해결 역량	• 복잡한 지속가능성 문제에 다양한 문제 해결의 틀을 적용하고, 위에서 언급한 역량 들을 통합해 지속가능발전을 촉진하는 실행 가능하고, 포용적이며, 공평한 해결책을 개발할 수 있는 가장 중요한 능력

출처 : 유네스코한국위원회(2019), p.10.

이 핵심 역량은 학습자뿐만 아니라 전 세계 시민들에게 필요한 역량이며 이는 횡단적, 다기능적, 맥락 독립적인 것으로 이해할 수 있다(유네스코, 2019). 핵심 역량은 지속이 가능한 삶을 살아가는 시민으로서 영유아를 교육하기 위한 학습 내용에 포함되는 동시에 영유아를 가르치는 교수자인 교사에게도 필요한 역량으로 해석할 수 있다.

특히 교사가 영유아와 함께 ESD를 운영해 나가기 위해서는 지속가능성 핵심 역량을 개발해야 하며, 이를 통해 교사는 다양한 혁신적인 교수와 학습 실천이 가능하다(유네스코, 2019). 유네스코(2019)는 ESD의 주요 교육학적 접근을 '학습자 중심의 접근법', '행동 중심의 학습', '변혁적 학습'이라고 정의한다. '학습자 중심의 접근'과 '행동 중심의 학습'에서의 교수법은 자율적인 학습자들이 자신의 지식과 구체적 경험을 통해 자신과 세상을 관찰하고 이를 추상화하여 개념화시킨 후, 자신이 만들어 낸 추상화된 개념을 생활에 연결하는 교육이 중요하다. 여기서 교사는 학습자가 성찰을 통해 스스로 지식을 구축해 나가도록 하는 촉진자인 동시에 경험과 성찰적 사고 과정을 자극하는 환경을 조성하는 것을 강조한다(유네스코, 2019).

마지막으로 '변혁적 학습'은 학습자가 자신이 살아가고 있는 세계에 대한 이해를 심화시키기 위해 자신이 세계를 보고 바라보는 방식에 의문을 제기할 수 있도록 한다. 이를 통해 학습자는 현재의 문제점을 극복, 해결하고 새로운 지식을 공동으로 창출해 나갈 수 있다(유네스코, 2019). 이때 교사는 학습자가 자신이 당연하다고 생각하고 있는 세계관에 대한 의문을 던지고 함께 공동의 지식을 만들어 가는 촉진자로서의 역할을 할 수 있어야 한다(유네스코, 2019).

즉, ESD의 교수법은 기존의 수동적 학습 경험이 아닌 학습자와 교육자 간의 적극적인 상호작용뿐만 아니라 학습자가 자신이 가지고 있던 기존의 틀을 깨는 동시에 차이를 만들어 갈 수 있는 역할을 수행하는 교사를 필요로 한다. ESD를 위한 교육학적 접근에서 필요로 하는 교사의 역량과 앞서 살펴본 8가지 핵심역량과 더불어 ESD를 실천하는 교사에게 필요한 역량을 정리해 보면 다음과 같다.

■ 창의성

오늘날 창의성은 다양한 분야에서 가장 중심이 되는 역량이다. 예비교사, 현직교사, 리더나 부모 또한 창의성 역량은 늘 거론될 정도이다. 창의성 개념은 시대에 지남에 따라 변화해 왔고, ESD에서도 교사, 원장은 구성원들과의 관계뿐 아니라 환경과의 상호작용, 경영과 교육과정을 계획하고 추진할 때에도 창의성이 발휘될 수 있다. Egan(2014)은 상상력이 문화적 도구를 학습하여 지적인 도구를 전화하는 역할을 한다고 하였다. 불확실성과 복잡성이 커지는 미래사회에서는 하나의 목소리로 조직의 지시 사항을 수렴하는 형태는 기대하기 어렵고 그 가능성도 희박하다. 앞으로 급변하는 시대 상황과 지역사회, 국가, 다양한 부모와 영유아의 요구를 고려하여 지속가능한 교육과정을 만들기 위해서는 교사의 창의성은 반드시 필요하고, 교육과정을 새롭게 해석하고 재구성할 때에도 중요한 역량이 된다. 또한 구성원들 간에 서로 협력하고 의견을 교류하면서 더 나은 실천을 구상하는 과정에서도 창의성은 중요하다.

■ 비판적인 사고

지속가능한 삶을 위한 교육은 우리의 삶을 바꾸기 위한 변혁을 요구한다. "변혁은 일상 수준의 혼란, 그리고 이에 대응해 현 상태, 혹은 '평상시의' 사고, 행동 또는 생활 방식을 거부하는 주체들로부터 시작된다(유네스코, 2020 : 57)." 즉, 일상의 당연한 것들에 대한 의구심으로부터 변혁은 발생한다.

유네스코(2020)는 변혁을 위한 단계를 다음과 같이 제시한다. 다양한 문제들에 대한 '인식', 발생하는 문제들에 대해 현실적으로 영향받고 있는 사람들과의 '공감'과 '연민' 그리고 연민은 권한 강화를 위해 지금의 현실에 질문하고 분석하며 비판적으로 사고하는 것으로 이어지며 이는 행동으로 옮겨져야 한다. 이러한 변혁의 단계는 순차적인 방식이 아닌 개인과 사회에 따라 선형적으로 진행된다. 예를 들어, 어려움을 겪고 있는 사람들에 대한 공감과 연민의 감정을 먼저 느낀 후 문제의 심각성을 인식한 후, 권한을 강화하기 위한 행동이다.

이 변혁을 위해 가장 핵심적인 것이 개인이 가진 가치, 태도 및 행동에 대한 비판적인 사고 능력이다(유네스코, 2020). 앞서 언급하였듯이 변혁은 '평상시의' 사고와 행동, 생활에서 일정한 방법이나 형식의 변화에서 시작되기 때문이다. ESD가 삶의 변혁을 위한 교육이라는 점을 생각해 볼 때, 교사의 역할은 기존의 지식과 교육내용을 전달하는 것을 넘어서서 교육의 목표와 목적을 영유아와 함께 규정하고 조직하는 일이 된다(유네스코, 2022). 이를 위해 교사는 영유아와 함께 오래된 것들을 재해석하며 지속가능한 삶을 위한 새로운 것을 생성해 나가기 위한 비판적 사고가 필요하다.

마지막으로 교사의 비판적 사고는 단지 교실과 하나의 영유아 교육기관에 머물러서는 안 된다. 교사는 지속가능한 미래를 살아가기 위한 교육을 위해 지역사회, 정책, 교육의 패러다임을 점검하며 정책 입안자로서 목소리를 낼 수 있어야 한다.

■ 협력

영유아 교육기관에서 각 주체들은 관계적이다. 교육적 만남은 개인과 집단이 동시에 변화하는 생산적인 긴장으로 정의할 수 있다. 우리 내면의 삶은 환경에 영향을 미치며 동시에 환경으로부터 영향을 받는다. 진정한 교육은 교육받는 사람들의 목적 의식과 에너지를 참여시켜야 한다. 이러한 참여를 확보하기 위해 교사는 돌봄과 신뢰의 관계를 구축해야 하며, 이러한 관계 안에서 학습자와 교사는 협력하며 교육목표를 만들어 간다. ESD에서 구성원들은 서로 상호의존성을 이해하고, 세상의 변혁을 위해 함께 협력하는 능력을 기르도록 해야 한다.

우리가 배우는 방식은 배움의 목적과 내용에 따라 달라져야 한다(유네스코, 2022). 지속가능한 사회는 스스로 목적의식을 발견하고, 무엇을 선택할지에 대한 고민과 실행이 풍성한 문화가 필요하다(유네스코, 2022). 이를 위해 교사는 영유아와 함께 문제를 구성하고 해결하며 실험에 참여함으로써 지식의 답습이 아닌 지식의 창조에 발맞춰야 한다(유네스코, 2022). ESD를 위해 필요한 교사의 역량은 기존의 지식을 구성하고, 잘 전달하는 전달자가 아닌 창의성, 비판적 사고, 협력을 바탕으로 한 새로운 교육의 상상력을 펼쳐 나가야 하는 것임을 알 수 있다.

유네스코의 세계시민교육 전문가 교육에서는 ESD를 포함한 세계시민교육은 역량 강화와 교육과정의 내용과 방법론을 다양하게 개발하도록(유네스코, 2013) 교수방법의 중요성도 강조하고 있다. 이러한 점을 볼 때 영유아 교육기관과 교사는 기존 교육의 목표, 내용, 방법의 틀에 갇힌 교육이 아니라, 세계와 지역, 내가 속한 삶에서 살아가는 사람들의 경험과 시대적 요구를 반영하면서 끊임없이 재구성하는 과정을 거치며 발전해 나가야 한다.

03 ESD를 위한 교사의 역할

그럼 ESD를 위한 교사의 역할은 무엇일까? 교사의 역할은 매우 다양하게 정의되며 교육과정 운영의 철학과 가치에 따라 다르게 해석한다. ESD 실천에서 구심점이 되는 교사의 역할을 세 가지로 정리해 보았다.

■ 첫째, 놀이를 지원하는 교사

영유아는 놀이하며 삶의 역량을 키워간다. 영유아는 자신의 경험을 놀이로 표현하며 다른 사람과의 관계 속에서 도전하고 실패하고 다시 도전한다. 이 과정에서 영유아는 자신의 생각을 공유하고, 문제를 해결하기 위해 자신의 생각과 상황을 성찰하게 된다. 예를 들어, 가상놀이를 하면서 영유아는 자신들의 생각을 자유롭게 표현하지만 친구와의 놀이 맥락을 파악하고 함께 놀이를 만들어 가기 위해 애쓰며 협력한다. 또한 자신이 원하는 방법으로 공을 굴릴 방법을 찾아내기 위해 애쓰기도 하고, 내려오지 않는 공을 다시 만나기 위한 해결방법을 고민한다.

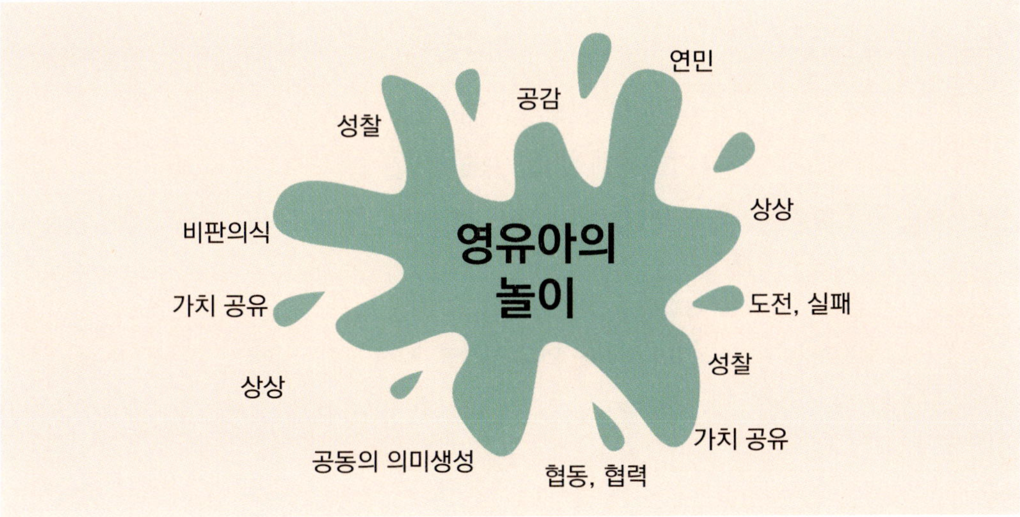

영유아의 놀이를 이해하고 지원하기 위해 교사는 먼저 영유아의 놀이를 관찰해야 한다. 영유아와 교사는 서로 간의 관계 속에서 함께 놀이하지만, 영유아는 성인의 계획과는 다른 방법으로 자신들의 놀이를 만들어 가기 때문이다. 따라서 교사가 영유아의 놀이를 이해하고, 놀이 자체로서의 배움을 이해하기 위해서는 영유아의 놀이에 대한 진지한 궁금증을 가지고 그들의 놀이를 관찰할 수 있어야 한다.

또한 놀이 관찰은 놀이의 연계와 확장에 초점을 맞추기보다는 개별 영유아가 지금 어떠한 방식으로 자신의 놀이를 만들어 가고 있는지에 관심을 가져야 하며, 영유아 또래관계, 영유아와 교사, 영유아와 다양한 놀잇감(고정화된 놀잇감, 비구조화된 열린매체 등)과 어떻게 서로 반응하며 놀이하는지 이들의 '관계'에 초점을 맞추어 관찰하는 것이 필요하다.

이러한 놀이 관찰과 관찰을 기록한 기록을 통해 교사는 영유아의 놀이를 이해하고, 지원할 수 있는 가설을 세울 수 있게 된다. 이 과정에서 함께 이루어져야 하는 교사의 역할이 아래 두 번째 '성찰하는 교사'와 세 번째 '협력하며 협력을 지원하는 교사'이다. 이러한 교사의 역할을 통해 영유아의 놀이를 더욱 풍성하게 할 수 있으며, 이는 놀이로 배우고 살아가는 영유아의 삶 그 자체 ESD를 가능하게 한다.

■ 둘째, 성찰하는 교사

ESD는 지구, 세계 그리고 나의 관계에 대한 비판적 성찰을 통해서 보다 나은 삶으로 만드는 데 참여하는 배움의 과정이 수반된다. 오래된 것들이 모두 잘못된 것도, 새로운 것이 모두 좋은 것도 아니다. 우리는 오래된 것을 재해석하고, 새로운 것을 생성해 나가야 한다. 그러기 위해서는 교사 스스로도 자신의 삶과 영유아의 놀이에 대한 성찰이 필요하다.

경험에서의 반성적 사고를 강조한 듀이는 성찰이란, 지금 내가 살아가고 있는 삶 속에서 마주한 문제를 해결하기 위해 자신의 생각에 의문을 갖고, 자신의 이전 경험을 반성하며 새로운 경험을 만들어 가기 과정 그 자체로 본다. 즉, 성찰이란 내가 한 행동의 잘잘못을 따지는 것이 아니라, 지금 현재의 문제를 해결하기 위한 자신의 삶에 대한 고민을 의미한다. 이전의 경험으로 만들어진 내 자신의 삶을 돌아보고, 이를 통해 새로운 삶을 쌓아가야 한다.

기존의 발달심리학의 관점에서는 정해진 기준으로 영유아를 이해하고 평가하는 것을 중요시해 왔다. 하지만 ESD를 위해 교사는 놀이하는 영유아와의 교육적 만남 속에서 영유아에게 귀 기울이고, 논의하고 협력하는 돌봄의 관계를 형성해 나가야 한다. 이제 우리는 기존의 틀에서 벗어나 매일의 일상 속에서 새롭게 만들어져 가는 그 차이들을 이해하기 위해 애써야 한다. 이를 위해 교사 스스로 매일의 놀이를 성찰하는 자세가 필수적이다.

■ 셋째, '협력'하며 '협력'을 지원하는 교사

ESD는 교사 협력공동체를 무엇보다 강조한다. 교수활동은 협력적 행위로 좀 더 전문화될 수 있으며, 지식의 창조는 대화와 토론을 통해 가능하다고 이야기한다. 이는 앞선 성찰하는 교사와도 연결된다. 교사는 개인적으로 성찰하는 것을 넘어서서 공동체 안에서 함께 사고할 때, 자신의 관점을 좀 더 깊게 이해하고 새로운 관점에 대해 숙고하게 된다. 이를 위해서는 교육과정을 운영하는 교사의 자율성이 보장되어야 한다.

'협력'은 교사들뿐만 아니라, 영유아의 놀이에도 매우 강조하고 있다. 협력은 사회의 공동선을 창출하고 증진하기 위해 구성원들이 힘과 뜻을 모아 노력하는 것을 말한다(정창우, 2015 : 112). 영유아 간 협력이 잘 되기 위해서는 서로의 사고를 공유하며 함께 놀이해 나갈 수 있도록 하는 교사의 상호작용 지원이 필요하다. 영유아를 위한 교육은 다양한 사람이 함께하는 장소에서 교사나 영유아들 간에서도 대화와 논의가 자유롭게 이루어질 수 있도록 해야 한다.

교사는 배움이 개인적으로 지식을 형성해 나가는 것이라는 생각을 넘어서서 영유아가 놀이하며 서로의 생각을 나누며 대화할 수 있도록 해야 한다. 이를 지향할 때, 영유아와 교사의 변혁적인 행동을 가능하게 한다. ESD를 위해 교사는 영유아가 타인과 나아가 세상과 접속함으로써 공동으로 참여하고 협력하는 차원에서 더불어 사는 법을 모색해 나가야 한다.

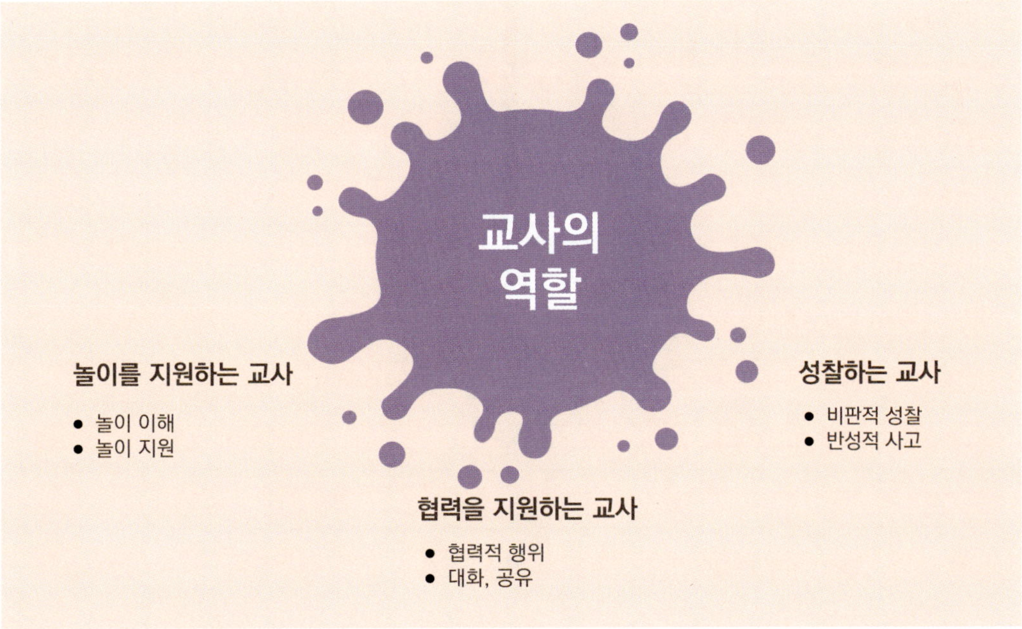

참고 교육과정 재정향을 향한 교사 프로젝트 활동 예

안내: 자신이 현재 가르치고 있는 학습계획 및 단원을 확인하고, 해당 단원의 제목을 원 안에 적어 넣어라. 아래의 도표를 이용해 자신이 현재 가르치고 있는 내용을 분류하라. 해당 학습계획 혹은 단원에 지식, 문제, 기술, 관점 혹은 가치와 관련된, 하나 혹은 그 이상의 지속가능성 요소들을 어떻게 추가할 수 있을까?

사회 / 경제

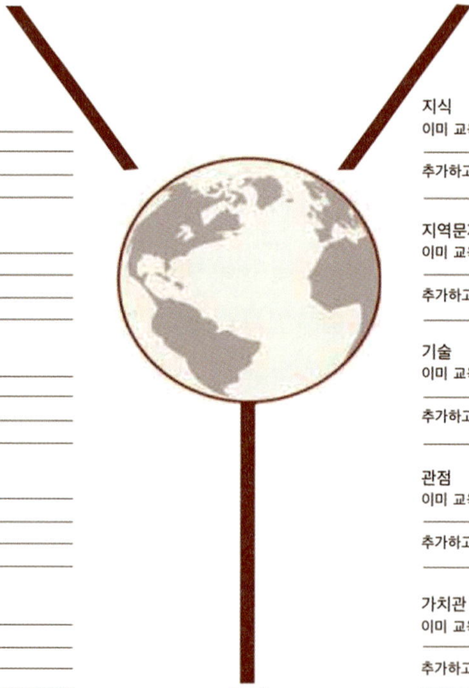

환경

사회

지식
이미 교육 중인 내용 ______
추가하고 싶은 내용 ______

지역문제
이미 교육 중인 내용 ______
추가하고 싶은 내용 ______

기술
이미 교육 중인 내용 ______
추가하고 싶은 내용 ______

관점
이미 교육 중인 내용 ______
추가하고 싶은 내용 ______

가치관
이미 교육 중인 내용 ______
추가하고 싶은 내용 ______

경제

지식
이미 교육 중인 내용 ______
추가하고 싶은 내용 ______

지역문제
이미 교육 중인 내용 ______
추가하고 싶은 내용 ______

기술
이미 교육 중인 내용 ______
추가하고 싶은 내용 ______

관점
이미 교육 중인 내용 ______
추가하고 싶은 내용 ______

가치관
이미 교육 중인 내용 ______
추가하고 싶은 내용 ______

환경

지식	지역문제	기술	관점	가치관
이미 교육 중인 내용	이미 교육 중인 내용	이미 교육 중인 내용	이미 교육 중인 내용	이미 교육 중인 내용
추가하고 싶은 내용	추가하고 싶은 내용	추가하고 싶은 내용	추가하고 싶은 내용	추가하고 싶은 내용

출처 : 유네스코(2012). 지속가능발전교육 길잡이. 유네스코한국위원회, p. 13.

04 영유아 교육기관 실천 상상하기

이 절에서는 전술한 가치들을 반영한 영유아 교육기관 운영과 교육을 실천하도록 추진 목적, 개요와 방향, 연간 운영계획안과 몇 가지 아이디어를 제시한다. 영유아를 대상으로 하는 ESD의 운영방식은 '놀이 프로젝트'를 통한 실제로 구상하였다. 이 내용은 제3부에 제시한 'ESD : 교육적 상상력의 실제'를 실천하기에 앞서서 관련 문헌자료를 분석한 것이다.

1) 추진목적

□ 교육기본법(법률 제19736호) 제22조의2(기후변화환경교육)

국가와 지방자치단체는 모든 국민이 기후변화 등에 대응하기 위하여 생태전환교육을 받을 수 있도록 필요한 시책을 수립 · 실시하여야 한다.

□ 환경교육의 활성화 및 지원에 관한 법률(제17854호) 제4조(책무 등)

① 국가 및 지방자치단체는 환경교육의 활성화를 위한 시책을 수립 · 시행하여야 하며, 이와 관련된 민간의 활동을 지원할 책무를 진다.

② 제2조 제2호에 따른 학교의 장은 학교의 교육 여건에 적합한 범위에서 환경교육 교과과정 운영의 활성화를 위하여 노력하여야 한다.

③ 사업자는 업무와 관련된 환경지식 및 기능을 향상시키기 위하여 필요한 환경교육을 실시하도록 노력하여야 한다.

④ 모든 국민은 환경보전과 지속가능한 발전을 위하여 국가 및 지방자치단체가 추진하는 환경교육시책에 적극 참여하고 협력하여야 한다.

□ 교육부(2022). 초 · 중고등학교 교육과정 총론. 4-5. 교육부 고시 제2022-33호

□ 교육부 · 보건복지부(2019b). 2019 개정 누리과정 놀이이해자료

□ 보건복지부(2020). 제4차 어린이집 표준보육과정 해설서

2) 기대효과

□ ESG 가치 운영으로 지구환경 시민으로서 공동체 의식을 함양한다.

□ 인간과 자연의 상호의존적이고 조화로운 관계에 대한 이해를 높인다.

□ 타인, 공동체, 환경과 함께 살아가는 지구환경 시민으로서 인성을 함양한다.

□ 건강한 사회를 만들기 위해 환경 문제에 협력하는 역량을 기른다.

□ 영유아, 부모, 교사가 함께하는 협력공동체를 통해 민주시민으로서 올바른 가치와 태도를 함양한다.

3) 운영개요

□ ESG 가치로 영유아 교육기관의 운영, ESD는 영유아, 부모, 교사 모두의 성장과 배움을 지향하는 방식을 고려한다.

□ 영유아 교육기관과 교육과정 운영은 생태적, 상호문화적인 가치에 기반하여 민주시민으로서 적극적인 참여 역량을 기르도록 한다.

□ 교사는 변혁의 주체이자 교육과정 실천의 핵심이다.

□ 영유아 교육기관의 특수성과 상황을 고려하여 ESG 가치를 적용하고, ESD 과정으로 내용과 방법에 대한 다양하고 포괄적인 내용을 재편성하여 실천한다.

□ 영유아 교육기관의 운영과 교육은 협력공동체를 통해 공동의 이익을 도모하며 연대와 협동의 원칙을 기반으로 한다.

4) 운영 방향

■ 함께 더불어 살아가는 삶의 역량을 기르는 교육

ESD는 영유아, 교사, 부모가 일상적으로 살아가는 삶과 통합되지만 지금 살아가고 거주하는 공간을 넘어서 상호 연대와 협력을 통해 세상을 사회를 변혁시켜 나가는 새로운 가능성을 마주하게 하는 일이다. 삶의 주체인 영유아들은 다양한 사람들의 경험과 지구와 사회 요구를 반영하면서 ESD의 가치를 담은 놀이를 통해 민주시민의 역량을 기르게 된다. 결국 영유아가 함께 더불어 살아가는 삶의 역량을 키울 수 있도록 하는 교육이다.

■ 통합하고 연대하는 협력공동체

ESD는 지속가능한 패러다임 안에서 환경, 사회, 경제적 요소가 분리되지 않고 통합된 범교과적 적용이 필요하다. 여기에서 '협력공동체'는 영유아, 교사, 부모, 원장, 지역사회, 세계의 각 주체들이 '함께하는' 것을 의미한다. 협력공동체 구성원들은 지속가능성의 가치, 방향을 이해하고 실천 가능한 방법을 함께 모색해야 한다. 이때 교육의 실천은 시간, 장소, 사람에 따라 다양한 형태로 변형 가능해야 한다(유네스코, 2013; 2022). 이를 위해 영유아 교사는 지속가능한 삶과 교육에 대한 올바른 개념, 지식, 이해교육을 선행해야 한다(김경철, 김은혜, 2019; 김은혜, 이세화, 2023; 최은영 외, 2020).

■ 영유아, 교사, 부모의 협력 및 대화가 가능한 교육

영유아는 ESD를 통해 또래, 교사, 부모의 협력 및 대화 과정을 경험할 수 있어야 한다(유네스코, 2012; 2022). ESD는 각 주체들의 공동 참여를 통해 새로운 의미를 함께 창조해 나갈 가능성을 열어 둔 교육이다. 이는 각 주체들의 대화과정의 참여와 협력을 가능하게 한다. ESD를 실천하는 과정을 통해 각 주체들은 지속가능한 삶의 역량을 기를 수 있는 기회와 시간을 제공받는다(김경철, 김은혜, 2019; 김은혜, 이세화, 2023; 최은영 외, 2020).

■ 놀이와 통합되어 일상에서 이루어지는 교육

영유아를 대상으로 한 ESD는 특별한 행사가 아닌 영유아의 놀이와 통합되어 일상에서 이루어져야 한다. 이는 영유아가 주체가 되어 놀이 안에서 주도적으로 그 의미를 탐색하고 자유롭게 자신의 의견을 표현하는 것을 가능하게 한다. ESD의 '배움'은 비판적 사고로 일상의 당연한 것에 대해 질문함으로써 자신의 가치를 명확하게 하는 것을 말한다(유네스코, 2013). 영유아의 놀이는 이를 가능하게 한다.

■ 교사의 변혁적인 역할 인식 및 가치관 형성

교사는 변혁의 가능성을 가능성을 가진 핵심 주체이다. 교사는 영유아와 함께하는 교육적 만남을 통해 ESD를 실천하며 자신의 문제의식과 경험을 기반으로 지속적으로 실천해야 한다. 이를 위해 교사 간의 소통과 사고 공유가 필요하다. 협력적인 교사 커뮤니티를 활용한 교사 간 사고 공유는 교사들의 지속가능한 교육의 실천행동을 장려하고 자유로운 소통의 수단이 될 수 있다. 이처럼 교사 간의 사고 공유를 통해 의미를 생성하는 가치관 형성과 같은 연대는 공적인 일로 매우 중요하다.

■ 성찰과 지속적인 공유로 만드는 실천

ESD는 나와 지역사회, 나아가 세계로 복잡하고도 촘촘하게 연결되어 있는 "관계에서 비판적 성찰을 통해서 더 나은 방향으로 배움의 과정을 수반"하는 것이다(김진희, 2017 : 28). 그리고 지속가능한 사회를 위해 교육의 참여자는 영유아 교육기관뿐만 아니라 일생 동안 삶의 모든 영역에서 학습할 수 있어야 한다. 이를 위해서는 성찰을 기반으로 한 교육권의 확장, 교육과정의 탈식민지화, 사회정서 학습에 대한 인식이 중요하다. 특히 영유아 교육기관의 구성원으로서 교사는 성찰적 실천가로서 성찰을 통해 전문성을 더욱 함양할 수 있어야 한다. 즉, 교육과정에 참여하는 모든 구성원은 다양한 문제에 대해 공유함을 통해 서로의 의견과 생각을 나누며 다양한 실험과 도전, 창조하는 실천 역량으로 이어져야 한다.

5) ESD를 위한 원장, 교사의 실천

지속가능발전의 가치를 다루는 영유아 교육기관의 운영과 교육의 주제, 관심사 등은 모두 나를 둘러싸고 있는 작은 문제부터 사회적 이슈까지 함께 참여하는 자들과 끊임없이 질문하며 고찰해야 한다. 이를 통해 교실과 영유아 교육기관의 공동체적 지식 형성이 가능해지기 때문이다. 이는 다양한 사건과 현상들을 수평적 의사소통 관계 안에서 서로 나누고 경험하면서 그 안에서 관계가 만들어지게 되는 것을 경험하게 된다(유네스코, 2013).

이를 위해 영유아 교육기관은 영유아와 교사뿐 아니라 원장, 부모, 지역사회가 참여하여 총체적이고 통합적인 관점으로 운영되어야 한다. 이를 위해 원장과 교사는 영유아와 부모가 함께 참여하고 새로운 방법들을 시도하며 문제를 해결하는 과정을 경험하도록 '참여하는 기회'를 만들어야 한다.

자연과 인간의 관계와 같이 구성원들은 '서로 협력하고 연대로 함께하며', '더불어 살아가는', '상호 의존적인 존재'로서 S(사회)와 G(지배구조)로 확장하여 실천하는 노력을 해야 한다(김은혜, 이세화, 2023). 예를 들어, 협력공동체가 정기적인 시간과 모임을 마련하여 영유아 교육기관 운영에 대한 의견을 공유하는 시간을 갖는다. 공동체의 회의 방식과 주기는 구성원 간의 협의를 통해 지속적으로 경험과 요구를 반영해 나가는 방식으로 운영해 나갈 수 있다.

다음의 [그림 5]는 '교육공동체' 운영을 나타낸 것이다. 영유아 교육기관에서 '교육공동체'를 구상하여 운영계획에 반영한다면, 다음과 같은 절차로 도전과제를 정해서 해볼 수 있다. 아니면 새로운 접근 방식으로 공동체 구성원들 간 협의를 통해 추진하여 '지속가능한 교육과정 만들기' 프로젝트에 ESD의 가치를 담아보는 것도 가능하다. 이러한 과정에서 교사와 원장은 전문가로서 필요한 역량을 함양하게 된다.

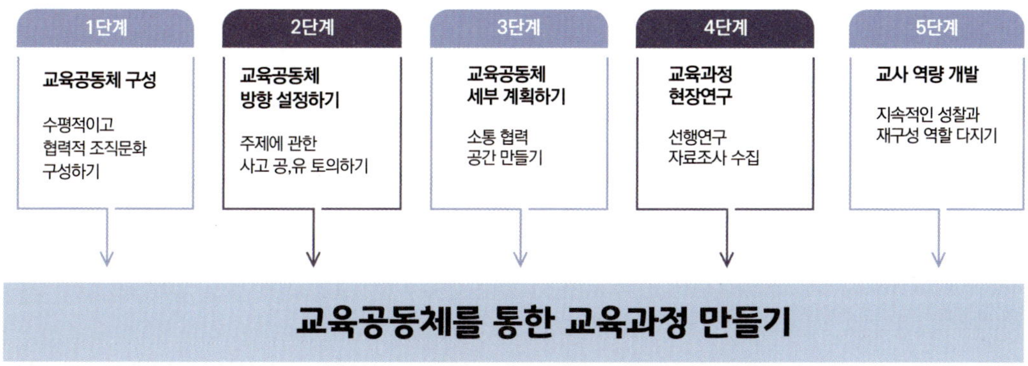

[그림 5] 교육공동체를 통한 ESD를 위한 교육과정 만들기

6) 함께하는 거버넌스로 교육과정 만들기

'함께한다'는 것은 지속가능한 사회를 바라보는 시선 중 하나이다. 자원 고갈과 환경 위기로 '제로 웨이스트' 운동, ESG 실천 캠페인으로 접근하는 것들은 지금까지 당연시 여겼던 인식에 도전과 새로운 시선을 더하여 우리의 생활 풍경이 바뀌도록 영향을 주었다. 러시아의 전쟁이 우리나라 물가에 영향을 줄 수 있고, 또 다른 나라의 문제가 우리 삶에 영향을 줄 가능성이 있다. 이는 전

세계가 보이지 않는 선으로 연결되어 있고, 사람들은 서로 의존하고 있다는 사실을 보여준다. 이렇게 세계화의 진전은 각 나라 간 상호의존성과 연결성을 심화시켰고, 지속가능한 사회를 위해서 '함께하는 거버넌스'는 큰 물결처럼 우리 삶 안에 흐르고 있다.

함께하는 거버넌스로 교육과정을 만드는 과정은 하나의 배움 모형이다. 이 안에서 미래 시민 양성의 목적과 역량 강화를 기대할 수 있다. 각 주체들은 서로의 기대와 생각을 나누고 문제 탐구, 협력적인 역할을 성찰로 문제를 해결해 나간다. 협력공동체는 서로의 관계 안에서 돌봄의 윤리를 실천하는 동시에 지속가능한 사회의 일원으로서 지식, 태도, 기술을 함양하게 된다. 우리가 살아가는 미래 세계는 불확실하고 더욱더 복잡다단해진 문제들을 해결하기 위한 지속가능한 발전을 위한 교육을 이끌기 위해서는 협력과 연대를 통한 접근이 필요하다. 영유아 교육기관은 영유아, 교사, 학부모, 사회단체가 협력공동체이자 연대의 대상이며 이를 둘러싼 거버넌스는 서로에게 영향을 주고받는 상호 의존성을 지닌 '돌봄'의 관계로 보아야 한다.

OECD와 유네스코보고서에서 제시하는 2030년 학습 체계는 각 주체들을 학습과 학습방법, 교육내용 등에 서로 영향 받는 협력적인 관계로 본다(지옥정 외, 2023 : 94 재인용) 미래교육의 기본 방향은 '학습자의 삶'을 중심에 둔다. 영유아 교육기관에서는 영유아를 둘러싸고 있는 지역의 협업을 통한 교육으로 볼 수 있다. 영유아의 삶을 영위하는 터전인 지역사회(community)와 이를 둘러싸고 있는 관계의 협업을 통해 새로운 실천을 해 나간다(전상인, 김두환, 박범순, 한준, 박남기, 백영연, 2023).

[그림 6]은 함께 협력하고 연대하는 문화의 거버넌스 안에 운영과 교육과정을 만드는 전체 개념도를 나타낸 것이다.

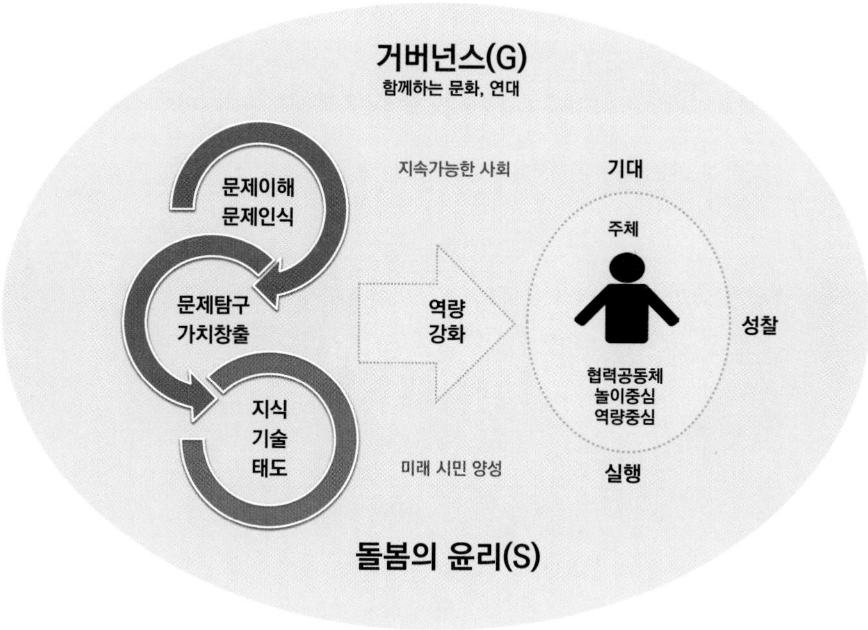

[그림 6] 함께하는 거버넌스 배움 모형

[표 3]은 영유아 교육기관이 ESG 가치를 바탕으로 제시한 운영의 비전과 목표, 실천과제를 개요 표로 보여준 예시이다. 이 표와 같이, 영유아 교육기관은 지속가능성 패러다임으로 각 주체들이 함께하는 협력공동체의 구성원이 되어 협력과 연대로 실천해 나갈 수 있다.

[표 3] ESG 가치로 지속가능한 우리, 더 함께! 개요

ESG 가치로 지속가능한 우리, 더 함께!

구분	내용		
비전	영유아·교직원·학부모·지역사회가 함께 만드는 협력공동체로 ESG 운영 - ESD, 더 함께!		
목표	• 기후 위기에 대응하고 지구 살리기를 실천하는 미래 시민 양성 • 함께하고 실천하는 공동체적 삶의 역량 함양		
슬로건	• 지속가능성 패러다임으로 우리 더! 함께!		
실천과제	기반 조성	전개 및 확산	지원체제 강화
	• 환경 공간 전환 • 협력공동체 간 협력 활성화 • 교직원 역량 강화	• ESG 가치 운영 • ESD 과정 재정향 • 협력공동체 운영 • 가정·지역사회 연계 실천 운영	• 연수·현장지원 • 활성화를 위한 협력체제 구축 • 지역사회 네트워크 강화
협력연대	함께하는 협력공동체		
	유관기관	지방자치단체	지역사회
	• 현장 협력-지원 • 전문성 교육	• 실천 역량 지원 • 실천 사례 공유	• 자원 공유 • 자원 협력 및 협업
	지속가능한 영유아 교육기관		
	영유아·교직원·학부모 지역사회가 함께 만드는 협력공동체의 협력과 연대로 지속적인 활동 전개		

교육적 상상력을 꿈꾸며 : 맺는 말

미래 교육은 우리에게 공통의 과제를 부여한 듯 보인다. 이제 우리는 인류 공영과 자연과 환경과도 "우리가 함께 어떻게 더불어 살까?"를 나와 우리의 문제로 빨리 인식하고 다음을 준비해야 한다. 우리는 자연과 환경, 인간을 포괄하여 교육현장과 연결 짓는 교육적 상상력과 그런 사고 능력을 함양하여 협업과 공생, 상생을 만들어 가야 한다. 이것이 인류 당면과제이자 우리의 실천을 강력히 요구하는 공동의 중요한 과제라고 해도 과언이 아니다(더좋은보육채널 블로그 포스트).

가정, 지역사회, 기업, 국가, 세계 전체를 막론하고 모든 차원에서 ESG · ESD에 대한 논의와 실천은 활짝 열려 있다. 지속가능한 사회를 위한 방향으로 더 나아갈 수 있다면, 더 나은 미래를 다음 세대로 물려줄 수 있다면 우리는 과감히 그 길을 걸어야 한다. 이제 시작했다면 길이 먼 것 같아 멈출 것인가? 우리는 모두 처음을 겪어야 하고, 그 시간을 통과해야 지속가능한 교육을 만들어 갈 수 있다. 멀어도 함께 가야 할 길이기에 '실험정신'이 필요하고, 함께하는 모두가 서로 배울 수 있는 자세로서 '겸손함'이 있어야 하지 않을까. 우리는 "실험정신과 겸손함, 과오에 대한 정보 공개, 잘못된 정보를 바로잡으려는 자세"와 같은 사회적인 책임을 가까이해야 한다.

또한 교육과정을 중심으로 미래 교육을 지속하기 위한 문화 조성과 의식 전환은 영유아 교육기관을 둘러싸고 있는 이해관계자들이 함께 지향해야 한다. 교육은 '백년대계(百年大計)'이다. 앞일을 미리 준비하여 방법이나 절차를 세우듯이 당장에 필요한 방안에 매몰되지 않고 멀리 내다보고 오랫동안 이익을 거둘 수 있는 장기적인 안목으로 교육을 그려야 한다.

과거의 역사에서 우리는 많은 배움을 얻었다. 2019 개정 누리과정을 실천하기 시작했을 때나 코로나19로 전쟁터 같았던 시간 속에서도 우리는 함께하는 힘으로 지혜를 모아 그 시간을 통과했다. 지속가능한 삶이 없는 미래 교육은 기대할 수 없기에 'ESD'는 바로 시작해야 할 중대하면서도 시급한 과제이다. 이는 앞으로 실천할 교육 내용들이며 우리가 함께, 지속적인 실천으로 행동할 것을 강력히 촉구하고 있다. 따라서 우리는 이 가치와 정신을 삶과 분리하지 않고, 끊임없이 되짚어보는 '반성(reflexivity)'을 통해 실천해 나가야 할 것이다.

유아교육과 교육기관의 의미는 사회적으로 구성된다(Dalhberg, G., Moss, P., & Pence, A, 2007). 교육과정의 계획과 적용은 우리가 선택한 의미 구성으로 우리에게 윤리적인 책임을 요구한다. ESD도 마찬가지다. 이제 우리는 각자의 현장에서 ESG와 ESD 과정에 대하여, 그 실천에 대하여 하나의 시민사회의 포럼으로 책임을 다해야 한다. 여기서 교사와 원장의 역할은 무엇일까? 함께 하는 부모와 영유아는 무엇부터 해야 할까?

변화하는 세계에 대하여 의미 만들기(meaning making)는 쉽지 않다. 정답이 없는 불확실한 담론이 지배하는 영유아 교육기관에서 우리가 의미를 찾고 만들어 가는 ESG 가치로 운영하고 ESD 과정을 만드는 것은 민주적 과정으로 그 가치가 확실해 보인다. 우리는 개개인이 속한 문화와 사회에서 지식을 협력적으로 구성하고 성찰하는 실천자가 되어야 하지 않을까? 교육의 주체자들을 중심으로 ESG와 ESD의 새로운 이해와 실천을 하려면 우리는 무엇을 어떻게 해야 할까?

지금 바로 시작하면 늦지 않다. 지금, 여기서 우리가 함께해 나갈 때, 더 나은 방향으로 지속가능한 우리의 삶을 그려볼 수 있을 것이다. 바로 그 지점에서 지속가능한 사회를 바라며 걸어온 궤적을 다시 보니 희망을 그리게 된다. 제각각의 목소리가 중요해진 오늘날, 하나의 공동체에서 몇 사람만 다른 소리를 내도 파열음이 나기 마련인데, 그래도 사람들은 시종일관 자기 목소리를 내는 현실이다. 그런데 그 목소리가 자기의 영리만을 위함이 아니라 더 나은 미래, 더 좋은 세상을 우리의 아이들에게 남겨주고 싶은 마음 때문일 수도 있다. 지속가능한 교육의 미래, 교육의 내부자로서 살아가는 우리는 '희망' 없이 미래 교육을 바라볼 수 없다.

한 사람 한 사람의 작은 실천과 상상이 모여 우리는 지속가능한 오늘을 살아가게 된다. 소중한 이 땅의 어린이들을 위해, 남은 우리의 좋은 삶을 위해, 현재를 살아가는 우리는 끊임없는 교육적 상상력을 그리며 작은 실천이 불러올 이 '희망'의 날개를 활짝 펴, 영유아 교육기관 곳곳에 날아오르길 상상해 본다.

E

Environmental

S

Social

G

Governance

제3부

ESD :
교육적 상상력의 실제

ESG 가치 그린 미래,

더 함께 더 좋은 영유아 교육기관

제3부에서는 ESG 가치를 포함한 ESD 운영의 실제를 알아보고자 한다. 이는 ESD에 대한 저자들의 상상력을 기반으로 하여 쓰여졌다. 영유아들은 우리가 예측하지 못한 다양한 방법들로 놀이를 이끌어 갈 것이다. 제시된 실제는 교사들의 ESD 과정에 대한 이해와 운영을 도울 수 있는 아이디어가 되길 바란다.

모든 실제에는 환경, 사회, 경제적 요소가 모두 포함되지 않아도 되지만, 놀이의 운영에 따라 저자들이 발견하지 못한 많은 배움들이 오고 갈 수 있다.

ESD 과정의 실제는 놀이하는 영유아와 성찰하는 교사의 마주침을 통해 시작된다는 것을 기억하며 놀이의 장을 열어가야 한다.

01 교육목표와 연간계획안

1) 목표

- 교육목표
  - 지속가능한 사회를 살아가는 미래 시민을 양성한다.
  - 지속가능한 사회를 만들어 가기 위해 필요한 삶의 역량을 기른다.

- 연간목표
  - 구성원은 미래 시민으로서 상호의존성을 이해하고 협력한다.
  - ESG 가치 운영으로 함께 더불어 사는 삶의 역량을 기른다.
  - 각 주체들은 생명과 환경에 대한 돌봄을 실천한다.

2) 프로그램 참여주체

- 영유아 : 지속가능한 삶을 살아갈 수 있는 역량을 기르는 주체
- 교사 : 변혁의 가능성을 가진 핵심 주체
- 원장 : ESG 가치를 반영한 기관 운영 주체
- 가정·부모 : 교육과 삶의 연결 주체
- 지역사회 : 협력과 새로운 시선을 제공하는 주체
- 세계 : 지금 현재의 이슈들과 결합하는 공동체

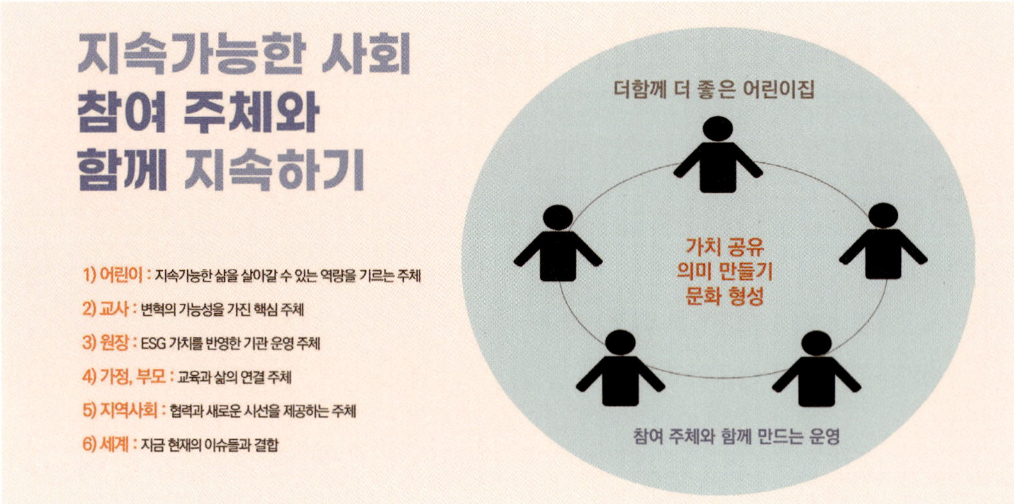

[그림 7] ESG 가치 주체별 인식 공유로 문화 생성하기

3) 운영방법

- 놀이중심 : 0~5세 연령의 발달, 경험과 가정연계를 고려하여 놀이중심으로 접근한다.
- 협력공동체 : ESG 더 함께 공동체 정기적인 자조모임을 운영한다(운영 내용, 디자인, 문제 해결 등 토의, 연대 기회 부여와 의미 만들기).
- 성찰 : 각 주체별로 민주시민으로서 자기 이해와 공동체 인식과 변혁적인 역할을 해 나가도록 '성찰'을 통한 반성, 더 나은 가치 창출을 실천한다.
- 역량중심 : 지식과 기술을 습득하는 데 그치지 않고 실제로 소속한 사회와 공동체에서 책임감을 가지고 실천하는 역량중심을 지향한다.

다음 [그림 8]은 프로그램 운영방법을 나타낸 것이다.

[그림 8] 프로그램 운영의 네 가지 방법

다음 [그림 9]는 본 프로그램 기반으로 공모전이나 현장연구를 진행할 때 추진 계획을 연간 일정으로 나타낸 것이다.

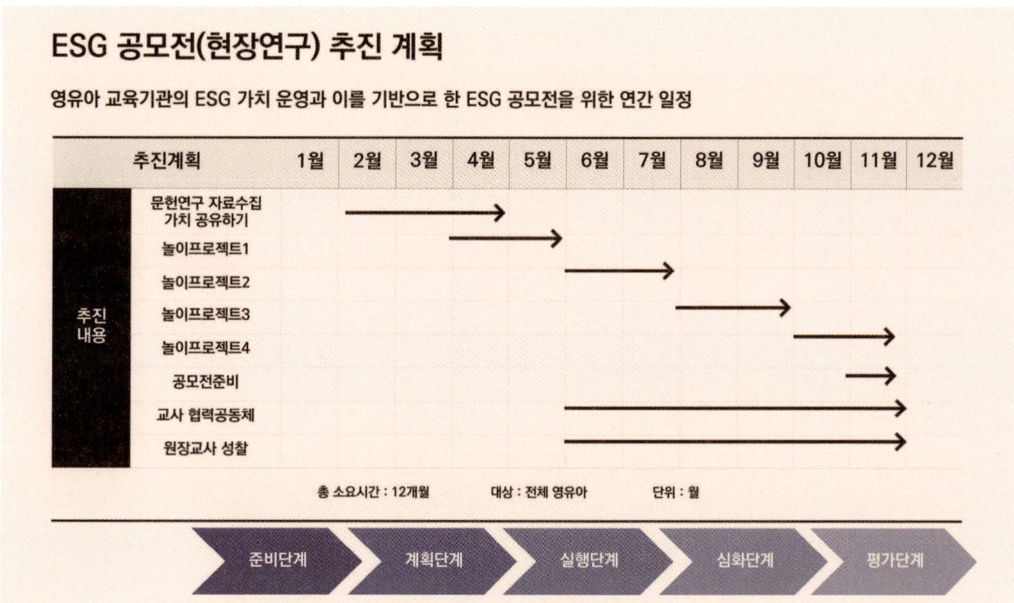

[그림 9] 공모전(현장연구) 추진 계획

4) 계획안

- 계획안은 '지속가능한 사회를 살아가는 미래 시민 양성'이라는 교육과정 운영 전체 목표를 중심으로 연간계획의 목표 달성을 위해 계획되었다.
- 각 놀이는 지속가능한 사회를 살아가는 미래 시민을 양성하기 위해, 연간계획안의 목표를 중심으로 SDGs의 세부내용과 가치를 담아 계획하였다.
- 본 계획은 실행되는 시기의 사회적 이슈와 영유아 교육기관 환경에 따라 영유아의 흥미가 반영되어 언제든지 어떠한 모습으로도 변화될 수 있다.
- 영유아의 놀이를 지원하는 원장, 교사, 연구자는 계속하여 '지금-현재'에 귀 기울이며 영유아가 놀이의 길을 스스로 찾아 갈 수 있도록 지원해야 한다.
- 본 계획안에 반영한 핵심적인 가치는 ESD를 실천하기 위해 필요한 삶의 역량이다. 제시한 역량을 목표로 추구하되 실제로는 더 많은 역량을 성취할 수 있다.

■ 대상별 연간계획안

- ESD에 참여하는 주체는 교사와 영유아뿐 아니라 원장, 양육자, 연구자 나아가 지역사회와 세계로까지 연결된다.
- 본 계획안은 각 주체가 어떻게 서로 다른 수준과 적합한 연령의 방식으로 ESD를 만들어 갈 것인지에 대하여 서술하였다.
- [표 4]에서 제시한 삶의 역량은 그중 몇 가지를 대표적으로 반영한 것이다.

[표 4] **대상별 연간계획안**

시기	대상	내용	지속가능발전가치	핵심 삶의 역량
2월	원장 교사	• 자료수집 • 문헌연구	• ESG 자료수집 및 분석 • 전년도 교육과정 평가	• 비판의식 • 성찰 • 가치공유
3월	원장 교사	• 사전 교육 • 협의	• ESG 가치 및 ESD 교육과정 사전교육 수강 • 영유아 교육기관 운영계획 자체 협의 • 영유아 교육기관 학급운영 방향 수립	• 비판의식 • 성찰 • 가치공유
4월	원장 교사 연구원	• 인식조사 • 협의 • 성찰	• 기존 교직원의 인식 들여다보기 • ESG 가치로 운영계획을 위한 협의, 자료수집, 문헌분석	• 비판의식 • 성찰 • 문제해결
5월	원장 교사 연구원	• 철학 공유하기 • 워크숍	• ESG 가치로 운영되는 영유아 교육기관 – ESD 과정의 이해 • 지속가능한 가치 함께 만들어 가기	• 성찰 • 문제해결 • 협동, 협력 • 가치공유 • 비판의식 • 상상
	영유아	• 놀이 "지금, 할 수 있는 것부터!"	• 우리가 계속해야 할 것, 중단해야 할 것, 창조적으로 새롭게 만들어 내야 할 것은? • 우리 삶에 대한 성찰, 비판적 의식 기르기 • 참고 : https://www.un.org/sustainabledevelopment/takeaction/	
	부모	• 카드뉴스	• ESG 가치로 운영되는 영유아 교육기관 • ESD 과정의 이해	• 성찰 • 가치공유
6월	영유아	• 놀이 "자연아 놀자!"	• 지구와 긍정적인 관계 맺기	• 성찰 • 문제해결 • 협동, 협력 • 가치공유 • 비판의식 • 상상
	교사	• 놀이지원 • 성찰 • 협력공동체	• 지속가능성을 위한 '환경'의 가치 성찰하기 • 익숙한 것을 다른 시선으로 바라보기	
	부모	• 카드뉴스	• 지속가능한 사회를 위한 '환경'의 가치 이해하기	• 성찰 • 가치공유
	연구원	• 성찰(교실놀이 기록 공유) • 협력공동체	• 낯선 시선 제공하기 • 협력하여 의미 만들어 가기	• 성찰 • 문제해결 • 협동, 협력 • 가치공유 • 비판의식 • 상상

<table>
<tr><th>시기</th><th>대상</th><th>내용</th><th>지속가능발전가치</th><th>핵심 삶의 역량</th></tr>
<tr><td rowspan="4">7~8월</td><td>영유아</td><td>• 놀이 “우리들의 놀이연구소”</td><td>• 우리나라와 세계의 전래놀이를 통해 상호 간의 연결, 각 문화의 다양성을 경험하기
• 유사성을 발견하고 차이를 존중하며 우리반만의 놀이 만들기</td><td rowspan="2">• 성찰
• 문제해결
• 협동, 협력
• 공동의 의미 생성
• 가치공유
• 비판의식
• 상상
• 인정, 이해</td></tr>
<tr><td>교사</td><td>• 놀이 지원
• 성찰
• 협력공동체</td><td>• 차이와 차별, 다양성의 존중에 대해 성찰하기
• 나의 관점 돌아보기</td></tr>
<tr><td>부모</td><td>• 놀이지원
• 성찰</td><td>• 우리 가족의 놀이문화 돌아보기/ 기록하기
• 성찰기록지</td><td>• 성찰
• 가치공유
• 협동, 협력
• 공동의 의미 생성</td></tr>
<tr><td>연구원</td><td>• 성찰
• 협력
• 놀이 지원</td><td>• 교사의 놀이관찰 속 나의 관점 돌아보기 지원
• 놀이협의</td><td>• 성찰
• 협동,협력
• 공동의 의미 생성
• 가치공유
• 비판의식</td></tr>
<tr><td rowspan="4">9~10월</td><td>영유아</td><td>• 놀이
• “유아-부모-교사 다가치! 다같이!”</td><td>• 주체적인 참여를 통해 건강한 민주적 시민의식, 충분한 논의와 공간, 참여의 과정, 협력적 행동을 경험하기</td><td rowspan="2">• 성찰
• 문제해결
• 협동, 협력
• 공동의 의미 생성
• 가치공유
• 비판의식
• 상상
• 인정, 이해
• 비판의식</td></tr>
<tr><td>교사</td><td>• 놀이지원
• 성찰
• 협력공동체</td><td>• 되어가는 과정으로서 참여와 협력 경험하기
• 상호협력 지원하기
• 과정을 기록하며 성찰하기</td></tr>
<tr><td>원장, 부모</td><td>• 놀이 지원
• 협력공동체</td><td>• 영유아 교육기관 구성원으로서 연대와 협력
• 협력공동체에서 생성되는 의미와 가치 공유하기</td><td>• 성찰
• 가치공유
• 협동, 협력
• 공동의
• 의미생성</td></tr>
<tr><td>연구원</td><td>• 성찰
• 협력공동체</td><td>• 놀이공간 만드는 과정의 기록 지원하기/ 기록으로 성찰하기
• 놀이 속에서 ‘되어가는 과정’의 의미 성찰지원</td><td>• 성찰
• 가치공유
• 협동, 협력
• 공동의 의미 생성
• 비판의식</td></tr>
</table>

시기	대상	내용	지속가능발전가치	핵심 삶의 역량
11월	영유아	• 놀이 “넌 어디서 왔니?” (역할놀이 : 공정무역)	• 세계의 상호의존성과 빈곤 국가의 돌봄에 대해 성찰하기 • 연대, 연민, 윤리, 공감하기	• 성찰 • 문제해결 • 협동, 협력 • 공동의 • 의미 생성 • 가치공유 • 비판의식 • 상상 • 인정,이해
	교사	• 놀이지원 • 성찰 • 협력공동체	• 지속가능한 사회를 위한 ‘사회문화적, 경제’의 가치 이해하기 • 연대와 공감 성찰하기 • 추천도서 : 난 초콜릿의 달콤함을 모릅니다.	
	부모	• 놀이지원 • 성찰	• 윤리적 소비의 가치 알기 • 회사, 가정에서 지키고 있는 지속가능발전에 대해 생각해 보기	• 성찰 • 가치공유 • 협동, 협력 • 공동의 의미 생성
	연구원	• 성찰 • 협력공동체	• 연대와 공감의 가치 성찰을 위한 지원	• 성찰 • 가치공유 • 협동,협력 • 공동의 의미 생성
12월	영유아	• 전시회	• 우리가 함께 만들어 간 ‘지속가능발전’에 대한 의미 발견	• 성찰 • 문제해결 • 협동, 협력 • 공동의 의미 생성 • 가치공유 • 상상 • 자신감 • 인정, 이해
	교사	• 전시회 • 성찰 • 협력공동체	• ESD의 의미와 가치 돌아보기 • 기록패널 전시회	
	원장, 부모	• 전시회	• 영유아가 발견한 의미 경청하기	
	연구원	• 성찰 • 협력공동체	• 연구자의 발견 공유하기	• 성찰 • 가치공유 • 협동, 협력 • 공동의 의미 생성

■ 연령별 교육계획안 : 0~2세 영아 연간계획안

- 카드뉴스와 영아반 놀이기록을 가정으로 보내어 양육자가 ESD의 중요성과 가치를 알게 한다.
- 가정에서 영아와 함께 할 수 있는 놀이, 활동들을 소개하여 가정에서 지속가능발전을 위한 실천을 할 수 있도록 지원한다.
- 연계를 통해 영유아 교육기관에서 진행되고 있는 ESD 과정 운영에 관심을 갖고 협력할 수 있도록 한다.

➤ 카드뉴스 활용 방법

- 카드뉴스는 ESG와 ESD의 가치를 포함하는 내용이므로 다양한 방식을 통해 양육자와 소통하는 도구가 되도록 활용한다.
- 부모와 소통하는 공간(상담실, 대기실, 계단과 현관 등)이나 스마트 알림장에 주기적으로 소식을 공유한다.
- 영아반 가정통신문은 카드뉴스를 포함하여 가정으로 보내고, 부모의 궁금증이나 참여방법, 다양한 의견을 반영한다.

[표 5] 0~2세 연간계획안

시기	주요 경험	지속가능발전가치	비고
5월	ESG와 ESD	• ESG 가치로 운영되는 영유아 교육기관 • ESD 교육과정의 이해	카드뉴스
6월	ESD에서 '교육'의 의미	• 지속가능발전을 위한 교육의 내용과 의미 이해하기	카드뉴스
7월	ESD에서 '환경'	• 지속가능한 사회를 위한 '환경'의 가치 이해하기	카드뉴스
8월	ESD에서 '사회·문화'	• 지속가능한 사회를 위한 '사회·문화' 가치 이해하기	카드뉴스
9월	ESD에서 '경제'	• 지속가능한 사회를 위한 '경제' 가치 이해하기	카드뉴스
10월	ESD 사례 기록공유 1	• 공동체로서 영유아 교육기관의 연대, 협력	놀이기록
11월	ESD 사례 기록공유 2	• 지속가능한 사회를 살아가기 위한 어린이의 삶의 역량에 대한 고민	놀이기록
12월	유아반 전시회 참여	• 교육적 상상력 함양 • 상호이해를 통한 ESD 환경 조성	전시회 초대장

■ 연령별 교육계획안 : 3~5세 유아 연간계획안

• 놀이는 유아의 삶이자 배움의 방식이다. 따라서 연간계획안은 놀이를 중심으로 그 흐름을 예측하고, 그 안에서 지속가능발전 가치를 유아 스스로 발견하고 의미를 생성해 나갈 수 있도록 계획하였다.

• 유아의 놀이는 놀이를 지원했을 당시의 사람, 사물, 환경과의 마주침을 통해 변해간다. 이를 지원받으며 관계 맺어가는 것 역시 유아 스스로 지속가능발전의 삶을 살아가는 역량을 함양하는 것임을 기억해야 한다.

• 교사는 계획안을 중심으로 놀이를 지원하지만, 유아의 놀이를 관찰하며 성찰하는 과정을 거쳐 함께 놀이를 만들어 가야 한다.

[표 6] 3~5세 연간계획안

시기	놀이	세부목표	예상하는 놀이흐름
5월	지금, 할 수 있는 것부터!	• 기후문제 인식하기 • 지속가능발전을 위한 사고방식 전환하기 • 비판적으로 생각하고 우리의 목소리 내기	• 기후문제 인식하기 • 지구를 지키는 특공대! 출동! • 우리반 환경 공간 구성하기 • 하고 있는 일 • 중단해야 하는 일 • 새롭게 할 수 있는 일 • 어른들에게 요구하기 • 이제, 어린이를 생각해 주세요!
6월	지구를 사랑할 시간 : 자연아 놀자!	• 자연을 사랑하기 • 자연과 친밀감 느끼기	• 자연의 색, 소리, 모양 탐색하기 • 열린 매체놀이 • 생태놀이
7~8월	우리들의 놀이연구소	• 전래놀이와 세계 놀이의 유사성과 다양성 경험하기 • 다름을 존중하고, 차이를 인정하기	• 전래놀이 • 세계의 놀이 • 우리반의 놀이 만들기 • 소그룹을 구성하여 그룹별로 놀이 만들기
9~10월	유아-부모-교사 다가치! 다같이!	• 사회적 포섭 경험 : 유아의 목소리 경청하기 • 유아-부모-교사가 민주적으로 참여하기 • 서로 간의 충분한 논의하기 • 협력적 관계 경험하기	• 영유아 교육기관 공간 돌아보며 놀이 회상하기 • 우리가 필요로 했던 것 혹은 앞으로 동생들이 놀이할 때 필요한 것들 이야기하기 • 우리가 원하는 것 디자인하기(예 원두막, 벤치 등) • 부모자원 받기 • 전문가 초빙하여 자문 받기
11월	공정무역 가게놀이	• 윤리적 소비인식 갖기 • 빈곤 국가의 경제발전에 대한 문제의식 갖기 • 인권문제 등에 공감하기	• 불공정가게로 오세요 • 우리동네 공정무역 가게를 찾아가요/ 공정무역 제품 키트 체험 등 • 공정무역제품을 선택해 주세요 : 영유아 교육기관 관계자분들 설득하기
12월	전시회	• 지속가능한 삶을 위한 준비	• 놀이기록 전시회 - 전시회 준비 • 전시회 큐레이터 • 전시회 리플렛 준비 등

▶ 함께하는 전시회

- 유아반에서 지속가능발전 놀이에서 함께 만들어 낸 환경 공간과 놀이기록들을 전시하고 소개하는 경험을 한다.
- 전시회는 유아들뿐 아니라 부모, 영아, 인근 지역사회 교육기관의 영유아, 보육교직원들도 초대하여 지속가능한 사회를 위해 함께 연대하는 만남의 장이 되도록 한다. 이는 전시회에 참여하는 구성원들과 더불어 협력공동체로서 지역사회를 포함시킬 수 있는 기회가 된다.

02 놀이 실제

1) 내용

- 놀이의 필요성과 목적, 예상되는 놀이흐름, 준비물, 환경구성, 주요 상호작용, 성찰, 이해의 내용을 담았다.
- 놀이 실제는 연구자들의 상상력이다. 놀이는 현장에 따라 달라질 수 있으며, 달라져야 한다.
- 각각의 놀이에는 교사의 성찰 내용이 포함되어 있다. 성찰은 교사 혼자 또는 원내, 동료 교사들과 협의하는 자료로 사용될 수 있다.
- 성찰은 교사가 놀이를 이해할 수 있는 놀이에 대한 관점, 관찰내용 등을 포함하여 교사의 자기인식뿐만 아니라 영유아의 놀이를 이해하고 지원하는 데에 도움을 주고자 하였다.
- SDGs를 작성하여 놀이 실제와 지속가능발전목표의 내용을 연결할 수 있도록 하였다.

2) 실제

- 지금 할 수 있는 것부터!
- 지구를 사랑할 시간 : 자연아 놀자
- 우리들의 놀이 연구소

- 유아-부모-교사 다가치! 다같이!
- 어디에서 왔을까?

지금 할 수 있는 것부터!

• 필요성 및 목적

지구는 심각한 기후위기에 당면했다. 우리는 이제 "현재 세대의 필요를 충족시키면서도 미래 세대의 필요로 해치지 않는 발전(유네스코, 2022)"을 위해 행동해야 한다.

이를 위해서는 "우리가 하고 있는 일-중단해야 하는 일-새롭게 할 수 있을 일"에 대한 상상력이 필요하다. 우리가 살아가고 있는 이 지구가 우리의 집이라고 생각한다면, 우리가 할 수 있는 일이 더 많지 않을까(아키야마 고지로, 2020)? 또한 유아는 어른들에게 당당하게 요구하는 목소리를 낼 수 있어야 한다. "우리가 살아갈 지구를 위해 지구를 아껴주세요!"

• 예상되는 놀이흐름

1. 기후위기 인식교육 : 같은 색깔, 다른 자연
2. 우리반의 '환경 공간' 구성하기
3. 상상력특공대 : 우리반에서 하고 있는 일 – 중단해야 하는 일 – 할 수 있는 일
4. 캠페인(어른들에게 요구하기) : 어린이를 생각해 주세요

• 지원

준비물

- 유튜브 영상(https://www.youtube.com/watch?v=bcjPa_VQkDQ)
- 상상력특공대(배지 붙이기, 포스터 제작, 재활용, 종이 아끼기 등) : 지금 교실에서 하고 있는 놀이, 하루일과와 연계하기
- 캠페인(환경포스터, 발표회 : 지구와 우리를 위한 노력)

환경구성

- 공간의 이름, 배치, 필요한 물건 등 유아와 협의하며 공간 구성하기

상호작용

- ESD 과정을 위한 첫 번째 시간입니다. 유아가 기후위기에 관심을 가질 수 있도록 상호작용해 주세요.
- 지금 교실에서 하고 있는 놀이와 연계하여 일상 속에서 환경을 생각할 수 있는 다양한 방법을 함께 이야기 나누어 봅니다.
- 예를 들어, 하고 있는 일, 중단해야 하는 일, 할 수 있는 일을 각각 다른 디자인으로 스티커를 만들어 교실 안에 함께 붙여보고, 하고 있는 일 스티커로 변화시키기 등이 있습니다.
- 계획된 놀이보다 중요한 것은, 유아가 지속가능한 삶을 살아가기 위해 자신의 삶에 대한 비판 의식을 갖는 것입니다. 유아가 놀이와 삶 속에서 이를 생각해 볼 수 있도록 상호작용해 주세요.

- 특별히 교실 내에 유아와 함께 '환경 공간'을 구성할 때는, 교실의 어느 곳에 어떻게 무엇을 두어 공간을 구성할지 대화를 나누며 협의하는 것이 중요합니다.
- 영유아들이 살아갈 미래의 삶을 위해서는 어른들이 지금의 삶의 방식을 바꾸는 것이 필요해요. 함께 자연을 누리며 살아가기 위한 방법들을 어른들에게 알리고, 어른들 역시 자신의 삶을 돌아볼 수 있도록 하는 다양한 방식의 캠페인을 생각해 보세요.

• **성찰**

'지속가능'을 위한 교사철학 세우기

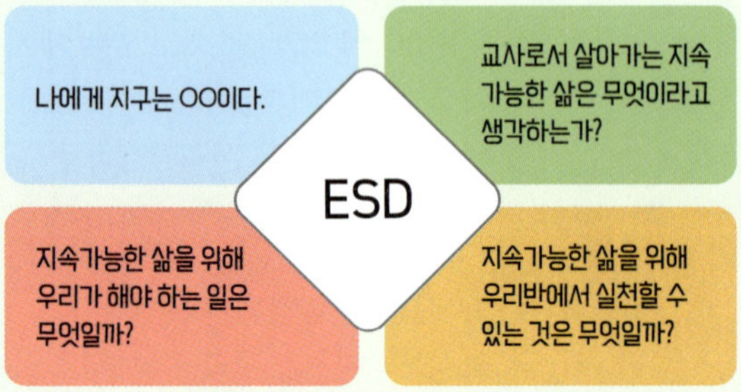

놀이를 지원하는 교사의 성찰

- 지금 이루어지고 있는 교실놀이에서 '환경'과 연계될 수 있는 부분은 무엇일까요?
- 환경을 보호하며, 지구와 지속가능한 삶을 살아가는 삶의 역량은 무엇일까요?
- 우리의 일상에서 환경을 보호할 수 있는 방법은 무엇이 있을까요?
- 교실 안에 '환경' 공간이 있다는 것만으로도 영유아들의 일상은 변화될 수 있어요. 그것이 공간의 힘이에요.
- 공간 변화가 어떻게 영유아들의 놀이를 변화시켜 가는지 관찰해 보세요. 하지만 그 공간이 환경영역이 되지 않고, 유아의 놀이와 일상에 녹아들 수 있도록 함께 고민하는 것이 필요합니다.

• **이해**

- 유아가 영유아 교육기관, 가정에서 당연하게 하고 있는 일들에 대한 비판의식을 갖도록 하는 것이 필요해요.
- 지구환경 보호를 위한 우리의 실천은 하나의 행사가 되어서는 안 돼요. 우리가 일상의 삶 속에서 지속시켜야 하는 삶의 역량이자 습관입니다.
- 유아의 놀이는 그 자체로 삶이자 배움의 요소가 됩니다. 놀이의 내용도 중요하지만, 놀이 특성 자체를 존중해 주세요.

• SDGs

- 기후변화와 그로 인한 영향에 맞서기 위한 긴급 대응을 시행한다
- 지속 가능한 발전을 위한 대양, 바다, 해양자원을 보존하고 지속 가능하게 사용한다.
- 지속가능한 육상 생태계 이용을 보호 · 복원 · 증진하고, 삼림을 지속 가능하게 관리 하며, 사막화를 방지하고, 토지 황폐화를 중지하고, 생물 다양성 손실을 중단한다.

#교사 성찰일지

• 나의 가치 돌아보기

• 나에게 지구는 ○○이다.

• 교사로서 살아가는 지속가능한 삶은 ○○라고 생각한다.

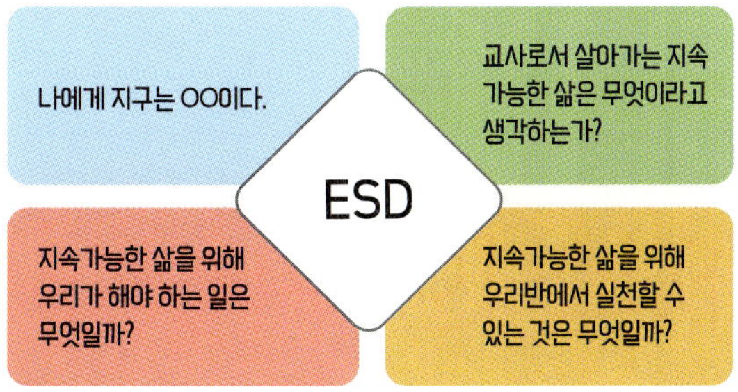

• 지속가능한 삶을 위해 우리가 해야 하는 일은 ○○이다.

• 우리반에서 지속가능한 삶을 살아가기 위해 할 수 있는 일은 ○○이다.

• 놀이관찰하기

다음 내용을 자유로운 관찰방식으로 기록합니다.

• 지구와 자연, 환경보호에 대한 유아의 생각은?

• 유아가 이야기한 실천 내용과 유아의 실천방식은?

• 환경 공간을 만들어 가는 협의과정은?

• 환경 공간에서의 유아의 놀이장면은?

지구를 사랑할 시간 : 자연아 놀자

"아이들이 지구를 사랑하길 원한다면 아이들에게 지구를 구해달라고 요청하기 전에, 아이들이 자연과 연결되고 지구를 사랑할 시간이 주어져야 한다.(ESP, 2018 : 2, 한국교육개발원, 2023 재인용)"

• 필요성 및 목적

현재 우리가 해결해야 할 자연재해들은 발전만을 위해 환경을 소홀히 한 어른들의 잘못이다. 그런데 유아에게 파괴된 자연, 자연재해만 강조한다면 오히려 유아는 자신을 자연의 수호자로 생각하고, 지구와 자신, 자연과 자신의 관계를 단절시키게 된다.

먼저, 유아에게 "자연"이 주는 즐거움, 자연과의 관계 속에서 기쁨을 느낄 수 있도록 하자. 지구와 함께 연대하고 협력하며 살아가기 위한 첫걸음은 자연과의 긍정적인 관계 맺음이다.

• 예상되는 놀이흐름

1. 생태체험 : 숲 체험 등(지역사회 연계)
2. 자연이 주는 열린 매체로 놀이하기 : 현재의 교실 놀이와 연계하기
3. 자연에서 놀이하기
4. 자연을 느끼기 : 자연의 소리, 모양, 자연의 색 관찰하기, 표현하기

• 지원

준비물

- 숲 체험 계획하기
- 자연에서 얻을 수 있는 열린 재료 환경공간에 지원하기(유아 수집, 가정연계, 구매 등)
- 교육기관 주변 실외 놀이 가능한 장소 사전 탐색하기
- 사진기, 녹음기(또는 핸드폰으로 녹음 기능 사용), 미술표현재료

환경구성

- 환경공간 (영역) 열린 매체/ 재료 제공하기
- 교실놀이와 연계하여 열린 재료 제공하기

상호작용

- 유아가 자연과 함께 다양한 즐거움을 느낄 수 있도록 상호작용합니다.
- 숲체험을 계획하여 숲이 주는 즐거움을 느낄 수 있도록 합니다.
- 근처 공원 등을 산책할 때는 사진기, 녹음기, 다양한 색을 표현할 수 있는 미술도구(색연필, 사인펜 외)를 함께 지원하여 주의 깊게 관찰하고 새롭게 볼 수 있도록 합니다.
- 비구조화된 열린 재료로서 자연물은 유아들이 다양한 방식으로 놀이할 수 있도록 이끕니다. 그때, 교사는 유아의 놀이방식을 관찰하며 상호작용해 주세요.
- 유아가 자연물과 놀이하는 과정을 면밀히 관찰하고 지원합니다.

- 이를 위해서는 다양한 방식의 관찰과 기록이 필요합니다.
- 자연이 주는 다양한 열린 재료들을 가지고 놀이한 후, 자연에 대한 유아의 생각이 어떻게 변화되었는지 이야기 나누는 시간을 가져보세요.

• 성찰

- 내가 자연과 함께 놀이했던 경험은? 그렇게 생각한 이유는?
- 그 놀이를 생각하면 떠오르는 느낌, 생각은?
- 열린 재료로 놀이하며 달라진 유아의 놀이는?
- 유아의 놀이를 관찰하고 지원하며 변화한 자연에 대한 나의 생각은?
- 자연에 대한 유아의 생각 변화는?

• 이해

- 놀이를 통해 유아는 나와 즐겁게 놀이한 대상으로서 자연과 지구를 생각해 볼 수 있어요. 즉, 자연과 긍정적인 관계를 맺게 되는 것입니다.
- 유아는 자연물로 놀이하며 개방적이고 창의적인 사고를 할 수 있게 됩니다. 이 또한 지속가능한 삶을 살아가기 위한 역량 중 하나입니다.
- 교사는 유아가 자연물을 체험하는 것이 아닌, 자연물을 통해 변화되는 유아의 생각과 놀이방식에 귀를 기울여야 합니다.

SDGs

- 기후변화와 그로 인한 영향에 맞서기 위한 긴급 대응을 시행한다
- 지속 가능한 발전을 위한 대양, 바다, 해양자원을 보존하고 지속 가능하게 사용한다.
- 지속가능한 육상 생태계 이용을 보호·복원·증진하고, 삼림을 지속 가능하게 관리 하며, 사막화를 방지하고, 토지 황폐화를 중지하고, 생물 다양성 손실을 중단한다.

□ 열린 매체/ 재료로 놀이하기

"열린 매체는 자연과 함께하는 우리의 일상생활 속에서 쉽게 접하고, 찾을 수 있는 매체에요.
다만, 무심코 지나갔던 그것들에 대한 관심이 필요한 것이지요.
유아들과 함께 우리 주변의 열린 매체들을 찾으러 밖으로 나가 보는 것은 어떨까요?"

■ 열린 매체란?

- 유아는 자신이 마주하는 모든 것에서 놀이의 가능성을 봅니다. 열린 매체는 규정적이지 않고 무한한 가능성을 제공해 주는 다양한 재료들로 유아가 더 큰 상상력을 펼쳐가도록 합니다. 예를 들어, 나무막대는 유아의 명명에 따라 인형이 되기도, 요술 지팡이가 되기도 합니다. 즉, 열린 매체는 유아가 자신만의 독특한 방식으로 놀이할 수 있도록 돕는 다양한 매체입니다. 자연과 자연에서 제공받은 다양한 매체들은 유아가 자신을 자연과 분리시키는 것이 아닌 자연과 함께하는 소속감과 존재감을 기를 수 있도록 하는 계기가 됩니다(www.playwales.org.uk, 2024. 5월).
- 열린 매체는 유아의 생각을 재현하기 위해 재활용품을 사용하는 것을 넘어서서, 매체가 가진 그 특성 자체가 새로운 놀이를 가져오기도 합니다. 무엇을 만들어 내는지 보기 위해, 내가 이미 알고 있는 물질의 특성에 집중하기보다는 유아가 매체의 어떤 특성에 매료되어, 어떻게 놀이하는지에 집중해 보세요.

■ ESD 과정_왜 열린 매체로 놀이하나요?

- 유아는 자연에서 그리고 자연이 제공해 주는 열린 매체/ 재료를 가지고 놀이하면서 자연과 그 장소에 대한 소속감, 애착을 갖게 됩니다(©Play wales, 2017).
- 자연에서 제공받은 열린 매체를 가지고 놀이하며 성장한 유아는 자연과 친밀감을 느끼고, 이들은 성인이 되어 다시 자연의 공간들을 다시 찾아갈 가능성이 높습니다 (Ward Thompson, Aspinall and Montarzino, 2008).
- 또한 유아가 자라면서 친환경적 행동과 태도를 가질 수 있도록 돕습니다(Chawla and Cushing, 2007).

■ 열린 매체 예시

- 솔방울, 막대기, 자갈, 돌, 나뭇잎, 구슬, 단추, 계란판, 병뚜껑, 우유갑, 나뭇조각, 풀, 이끼, 꽃, 씨앗, 조개, 나무껍질, 깃털, 바위, 물, 모래, 종이, 종이상자, 천, 병, 다양한 플라스틱 재활용품 등(©Play wales, 2017).
- 이 외에도 주변에 있는 다양한 재료를 가지고 놀이할 수 있습니다. 유아가 가지고 놀이할 수 있는 다양한 재활용 자료들을 찾아보세요. 더 넓은 안목을 갖고 매체를 찾는 것이 필요합니다.
- 열린 매체를 기관에서 모두 준비하기보다는 가정과 협력하여 다양한 열린 매체를 지원받을 수 있습니다.

#교사 성찰일지

▪ 나의 가치 돌아보기

- 교사는 자기 경험으로 놀이합니다. 교사가 경험했던 자연 놀이 경험은 영유아의 교사로서 놀이 환경구성이나 놀이지원 등에도 자연스럽게 영향을 미치게 됩니다.

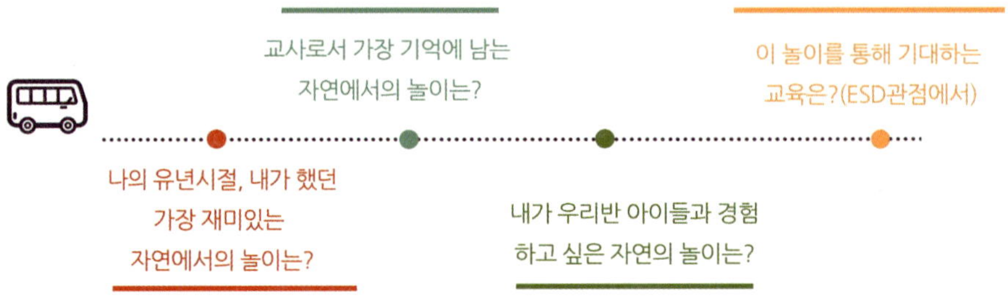

▪ 기대하는 교육을 고려한 우리반의 놀이 목표 고민하기

- 장기목표란 '지구를 사랑할 시간 : 자연아 놀자' 전체 놀이를 통해 유아와 함께 성취하고 싶은 목표입니다. 예를 들어 '자연을 사랑하는 유아', '자연의 아름다움을 느끼는 유아' 등이 될 수 있습니다.
- 단기목표란, 위의 장기목표를 달성하기 위한 세부목표 입니다.

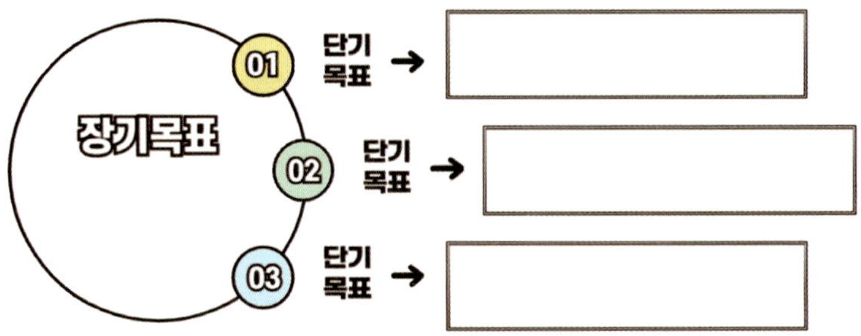

참고

지속가능발전의 가치를 담은 「지구 헌장」*

1992년 리우회의에서 채택한 「지구 헌장」은 ESG와 ESD의 지속가능성의 패러다임을 담은 선언문입니다. 「지구 헌장」은 “자연에 대한 존엄성, 인권, 경제적 정의, 평화의 문화(유네스코, 2012 : 48)”라는 근거를 지속가능한 삶을 위한 윤리적 근거로 제시합니다. 지구에 사는 모든 인류는 서로 연결되어 있으며, 서로는 이러한 근거에 대한 통합적인 해결을 위해 나아가고 있으며 더욱 전진해야 한다고 말합니다. 즉, 인류는 미래를 결정해야 할 결정적 순간인 지금, 공동의 운명을 지닌 가족이며 공동체임을 명심하고 파트너십을 형성하여 함께 나아가야 함을 강조합니다.

「지구 헌장」의 항목별 세부내용은 다음과 같습니다.

Ⅰ. 생명 공동체에 대한 존엄과 보호에서는 1. 다양성을 지닌 지구와 생명체에 대한 존중, 2. 이해와 동정과 사랑을 바탕으로 한 생명공동체의 보호, 3. 정의와 참여와 지속성과 평화를 바탕으로 민주주의 사회 건설, 4. 현재와 미래 세대를 위하여 지구의 아름다움 보존이다.

Ⅱ. 생태적 온정성을 위해서는 5. 생물종 다양성과 생명을 유지하는 자연적 천이에 특별한 관심을 가지고 생태적 시스템의 온전성을 지키고 복원, 6. 환경보호의 최선책으로 유해요소를 제거하고, 이에 대한 지식이 한정된 경우에는 예방적 접근을 시도, 7. 지구의 재생능력과 인권과 그리고 사회의 안녕을 가능케 하는 생산·소비·재생의 형태 적용, 8. 생태적 지속가능성에 대한 연구를 진척시키고 습득된 지식의 자율적인 교류와 폭넓은 적용을 촉진시킨다.

* https://web.archive.org/ 2024. 8월

Ⅲ. 사회·경제적 정의에는 9. 빈곤은 윤리, 사회, 환경의 측면에서 반드시 없애야 한다. 10. 모든 경제행위와 경제제도가 모든 면에서 공정하고, 지속가능한 방식으로 개발을 촉진하도록 보장한다. 11. 성적 평등과 형평을 확고히 한다. 성적 평등과 형평은 지속가능한 개발의 선행조건이다. 또한 교육, 건강보호, 경제적 기회에 대한 접근을 누구에게나 보장해야 한다. 12. 모든 사람들의 인간 존엄성과 건강 그리고 영적 충만을 돕는 자연 및 사회 환경에 대한 권리를 차별 없이 부여하며, 특히 토착민과 소수자들의 권리에 각별히 관심을 쏟아야 한다.

Ⅳ. 민주주의, 비폭력, 평화에는 13. 모든 단계에서 민주주의의 바탕을 둔 기구들을 강화시키고, 그 조직운영에 있어서 투명성과 책임을 보장하고, 의사결정에 있어 모든 이의 참여를 유도하며, 정의를 구현할 수 있게 한다. 14. 공교육과 지속가능한 삶의 방식을 위한 필요한 지식, 가치, 기술들을 배울 수 있는 평생교육을 통합한다. 15. 모든 살아있는 생명을 존중과 사려로 대한다. 16. 관용, 비폭력, 평화의 문화를 증진시킨다.

「지구 헌장」에서는 무엇보다 중요한 것은 삶 속에서 상상력을 구사하며 지속가능한 삶의 방식을 전 세계로까지 적용키는 것입니다. 알고 있는 것을 뛰어넘어 삶 속에서 직접적인 실천을 통해 지속가능한 삶은 이루어지기 때문입니다. 이를 위해서 인류는 파트너십의 관계 속에서 대화를 통한 협력적 탐구로부터 더 많은 것을 공유하고 배워 나가야 합니다(유네스코, 2012).

어린이 지구 헌장의 8가지 원리

[표 7]은 어린이 지구헌장의 8가지 원리(지옥정 외, 2023 : 36 재인용)입니다. 지구 헌장의 윤리적 가치들을 근거로 하여 정리된 8가지 원리는 어린이가 지속가능한 삶을 살아가기 위해 필요한 원리를 이해하는 데 도움을 줄 수 있습니다.

[표 7] 어린이지구헌장의 8가지 원리

원리	내용
생명(Life)	지구상의 생물은 모두 다 소중함
상호연결성 (Interconnectedness)	생태계 구성원은 모두 상호 연결되어 있음
가족(Family)	모든 인간은 집, 물, 음식, 학교 등에서 소외되지 않도록 서로를 잘 돌보아야 함
과거(Past)	선조들로부터 삶의 지혜를 배워야 함
지구(Earth)	지구를 잘 돌보고 낭비하지 않는 삶 살기
평화(Peace)	비폭력적 방법으로 상호협력하며 해결하기
사랑(Love)	자신의 행동에 책임을 지고, 타인에게 진실, 친절하며, 신뢰를 쌓고, 만나는 사람들에게서 볼 수 있는 다양한 삶의 방식을 이해하기
미래(Future)	현 세대와 미래 세대가 아름다운 지구에서 건강, 평화, 조화롭게 살 수 있도록 할 수 있는 모든 일 평생 하기

우리들의 놀이연구소

• 필요성 및 목적

지속가능발전을 위한 사회는 다름에 대해 차이를 인정하고 존중해야 한다. 하지만 지금 우리 사회는 인종을 넘어서 언어, 민족성, 난민 등 문화적 편견에 기반한 차별까지 확대되었다(유네스코, 2022). 서로 간의 차이를 차별이 아닌 다름으로 받아들이기 위해서는 나의 문화를 알고, 상대방의 문화를 존중하는 태도가 필요하다.

이를 유아의 관점에서 접근하기 위해서 우리나라와 세계의 전통놀이를 진행한다. 전통놀이는 그 나라의 문화를 담고 있기 때문이다. 우리반만의 새로운 놀이를 만드는 것은 "다른 사람의 상황에 대한 유아의 공감 및 상상력을 가져오는" (존 시라지-블래치포드 외, 2012) 것을 가능하게 한다.

• 예상되는 놀이흐름

1. 우리나라 전통놀이 : 유아들이 협의하여 선택한 놀이
2. 세계의 전통놀이 : 유아들이 협의하여 선택한 놀이
3. 우리반의 놀이 만들기 : 우리나라와 세계의 전통놀이, 그동안 우리반에서 즐겁게 했던 놀이들을 떠올리며 우리반의 놀이 만들기, 놀이소개 책 만들기

• 지원

준비물

- 우리나라 전통놀이를 소개하는 다양한 책
- 세계의 전통놀이 소개하는 책 및 영상
- 유아들이 선택한 놀이에 필요한 재료와 공간
- 놀이소개 책 만들기 재료, 우리반의 놀이소개 영상 만들기

환경구성

- 유아들이 선택한 놀이에 따라 공간의 크기 등이 다르게 구성될 수 있음(예 구슬치기를 위해서는 교구장보다는 넓은 카펫이 필요). 유아와 놀이를 선택한 후, 놀이를 진행하기 위한 공간 역시 함께 협의하여 재구성하기

상호작용

- 유아와 함께 전통놀이에 관련한 책을 읽으며, 전통놀이의 종류 유래 등에 대해 알아봅니다.
- 교실에서 하고 싶은 전통놀이를 서로 소개하고 교실 실내외 에서 하고 싶은 놀이를 협의하여 선택합니다.
- 세계의 전통놀이 역시 위의 방법으로 유아들과 소통하며, 협의하여 놀이를 선택하여 진행합니다.
- 우리나라와 세계의 전통놀이에는 각 나라의 문화가 담겨 있다는 것을 책과 놀이를 통해 자연스럽게 경험할 수 있도록 상호작용합니다.
- 이를 통해 유아가 문화의 다양성과 유사성을 경험할 수 있도록 합니다.

- 놀이는 놀이하며 지속적으로 변해갑니다. 특히나 전통놀이와 같이 비구조화된 특성이 두드러지는 놀이와 같은 경우 그런 특성이 더욱 나타나지요. 그렇기 때문에 교사는 유아의 놀이를 관찰하며 계속 변화되어 가는 놀이를 지원할 수 있어야 합니다.
- 그렇게 놀이하다 보면 전통놀이는 어느새 세계 다른 나라 놀이, 우리반의 놀이와 어우러진 새로운 놀이가 되어 있을 것입니다.

• 성찰 및 이해

- 이러한 놀이는 그간 '세계 여러 나라' 주제로 많이 진행되어 왔습니다.
- 지속가능한 사회를 위한 교육은 이전에 없던 새로운 것을 하는 것이 아닙니다.

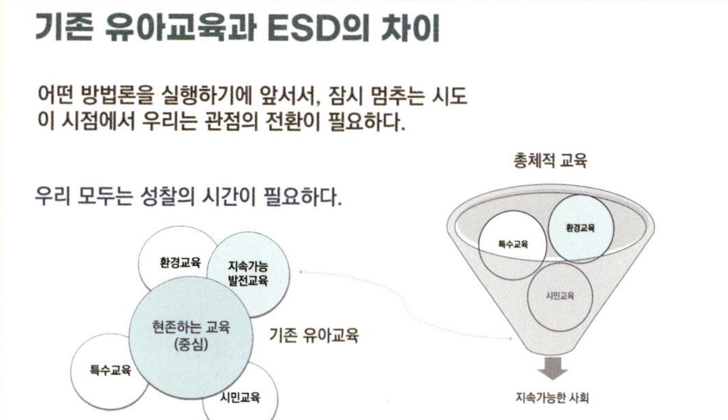

출처 : 지옥정 외(2023). 지속가능한 사회와 유아기 지속가능발전교육. 양서원에서 재인용

- 시민교육, 특수교육, 환경교육 등등 각자 다른 이름으로 분리되어 있던 교육들을 지속가능한 사회를 위한 '총체적 교육'으로 만들어 가는 것이지요. 우리에게 필요한 것은, 기존의 것을 바라보는 관점의 변화입니다.
- 전통놀이, 세계 전래놀이를 통해 유아가 문화의 유사성을 발견하고 차이점을 존중할 수 있는 상호작용 내용에 대해 고민해 보세요.
- 변화되어 가는 놀이를 유아들과 공유하는 우리반의 놀이를 통해 새로운 문화를 만들어 가는 과정을 유아와 함께 경험해 보세요.

SDGs

- 모두를 위한 포용적이고 공평한 양질의 교육 보장 및 평생교육 기회를 증진한다.

• 전통놀이에 대한 이해를 도울 수 있는 자료

- 한국민족문화대백과(http://encykorea.aks.ac.kr)

▪ 우리 반 놀이에서 찾은 '지속가능한 발전을 위한 '사회적' 요소

- 우리반에서 함께 했던 놀이 중 사회적 요소의 가치를 담은 놀이는?

- 그동안 유아와 함께했던 놀이 중, 사회적 요소의 가치를 찾아볼 수 있는 놀이는?

- 왜 그 놀이가 지속가능발전을 위한 '사회적' 가치를 담고 있다고 생각했는가?

ESD를 위한 사회적 요소

- 지구공동체시민에 대한 의식
- 문화적 편견, 인종차별에 대한 고민
- 만들어진 환경 안에서 함께 살아가는 나와 우리 생각하기
- 돌봄의 윤리와 사회정서학습

▪ 유아의 놀이 흐름 따라가며, 지원하기

- 유아들의 놀이는 다양한 모습으로 흘러갑니다. 놀이흐름에 따라 발견되는 놀이의 의미와 특성을 자유롭게 기록해 보세요.

유아-부모-교사 다가치! 다같이!

• 필요성 및 목적

놀이의 목적은 다음과 같다. 첫째, 유아-부모-전문가가 함께 협력하여 유아들이 원하는 환경을 스스로 만들어 보는 경험을 한다. 둘째, 과거의 놀이를 회상하고 현재에 필요한 것을 만들며 미래에 영유아 교육기관을 이용할 사람들을 위해 우리가 어떤 선택을 해야 하는지 고민해 보도록 한다. 마지막으로 다양한 주체들이 함께 모여 공동의 목표를 달성해 나가는 방법을 직접 경험한다.

이러한 과정은 유아가 과거-현재-미래의 관계를 놀이를 통해 경험할 수 있도록 한다. 먼저 유아는 유아들의 의견을 수렴하기 위해 성인들이 협력하는 과정이, 교사는 유아와 부모 사이의 중재자 역할을 하기 위해 노력하는 과정이, 부모는 유아를 중심으로 교사, 전문가와 소통하며 놀이기구를 만들어 가는 과정들이 지속가능한 사회교육 자체가 된다. 지속가능한 사회교육은, 공감하고 협력하며 서로 간의 갈등을 어떻게 해결해 나가야 하는지에 대한 사회정서학습을 지향해야 하기 때문이다(유네스코, 2022).

• 예상되는 놀이흐름

1. 우리반에서 했던 놀이를 회상하며, 우리가 필요로 했던 놀이기구, 놀이공간, 놀잇감 혹은 앞으로 동생들에게 필요한 것들 이야기하기
2. 우리가 원하는 것 디자인하기(예 원두막, 벤치 등)
3. 부모자원 받기 : 부모와 함께 유아들이 디자인한 것을 바탕으로, 부모가 직접 만들 수 있는 방법 협의하기
4. 전문가 초빙하여 자문 받기
5. 부모 간의 협력과 지속적인 교사, 유아와의 소통을 통해 디자인한 것 만들어 가기

• 지원

준비물

- 유아들의 놀이를 공유할 수 있는 기록(사진, 동영상 등)
- 디자인에 필요한 재료 : 미술재료, 설계도 지원 등
- 부모자원을 위한 안내문
- 유아들이 원하는 것을 만들기 위한 재료(재료구입 방법 등 부모와 협의)
- 부모들과 함께 만들어 가는 과정을 유아들과 공유하기 위한 기록

환경구성

- 과거 혹은 현재 놀이기록 공유 공간
- 현재 만들어 가고 있는 과정에 대한 기록 공유 공간(벽면 사진 게시 등)

상호작용

- 교사는 먼저 유아들이 과거 혹은 현재 했던 놀이들 중에서 필요한 놀이기구 등에 대해 미리 기록을 통해 살펴봅니다. 그 후, 유아가 놀이를 회상할 수 있도록 합니다.
- 우리의 놀이를 생각해 보았을 때, 현재 놀이뿐만 아니라 미래의 놀이를 위해 필요한 것은 무엇이 있을지 이야기 나눕니다.
- 유아가 자신의 생각을 미술 재료, 블록 등을 통해 원하는 놀이기구, 놀이공간 등을 표현해 낼 수 있도록 지지합니다.
- 유아들의 생각이 어떠한 방식으로 부모, 전문가와 협력하여 실현되고 있는지에 관해 지속적으로 유아와 공유해요. 긍정적인 상황뿐만 아니라 갈등이 발생했을
- 경우(예 유아가 디자인한 부분을 수정해야 할 경우) 어떻게 해결되었는지에 대한 공유 역시 필요합니다.
- 교사는 유아의 생각을 부모와 전문가가 실현시킬 수 있도록 하는 퍼실리테이터(중개자, 중간자)와 같은 역할을 해야 합니다.
- 부모와의 상호작용에 부담감을 느낄 수 있습니다. 하지만 공동체 구성원으로서 부모님을 생각해 보세요. 그리고 우리반 유아들의 생각을 부모와 공유할 수 있는 가장 적절한 방법을 고민하며 상호작용해야 합니다.

• 성찰

- 과거, 현재, 미래를 잇는 경험을 위해서는 그동안 유아의 놀이를 공유하는 것이 필수입니다. 유아의 생각을 듣는 것도 중요하지만 교사로서 나는 어떤 놀이에서 무엇이 필요하다고 생각했는지, 그리고 필요하다고 생각하는지 함께 고민해 보세요.
- 교사-부모-유아는 영유아 교육기관을 함께 만들어 가는 주체입니다. 다양한 요인으로 교사와 부모의 협력을 지원하는 상호작용은 면담, 참여수업 등의 이벤트로 머물러 있기 쉽습니다. 하지만 이번 기회를 통해 부모-유아의 생각을 서로 잇기 위해 교사는 어떠한 방식으로 상호작용해야 하는지 성찰해 보세요.
- 또한 유아의 의견을 반영하여 만들어 가는 그 과정 속에 영유아 교육기관과 유아를 향한 부모의 시선 변화를 함께 관찰해 보세요.

• 이해

- ESD는 공동의 이익을 위해 협력하고 연대하는 다양한 방식의 교육이어야 합니다. 지속가능한 사회의 출발은 서로가 함께 연결되어 있음을 인식하고 상호 의존적인 미래를 만들어 나가기 위해 협력하는 것이 필요하기 때문입니다(유네스코, 2022). 함께 모여 만들어 가는 그 무엇은 이러한 지속가능발전의 모형을 보여줍니다.
- 나아가 각 주체들이 함께 만나 유아의 의견을 실현해 나가는 과정은 교육기관 안에서 서로의 관계를 새롭게 하는 매개체가 될 것입니다.

SDGs

- 지속가능발전을 위해 평화롭고 포용적인 사회를 증진하고, 모두가 정의에 접근할 수 있도록 하고, 모든 수준에서 효과적이고 책임성 있고 포용적인 제도를 구축한다.

참고

부모와 함께하는 ESD

■ 부모를 위한 ESD, 왜 필요할까요?

- ESD에서는 부모를 참여하는 주체이자 배우는 학습자로 바라봅니다. 부모는 자녀의 양육자로서, 영유아 교육기관의 협력자이자 이해관계자가 됩니다.
- 영유아 시기의 특성상 가정연계와 협력은 교육의 효과에 영향을 미치므로 부모의 참여는 중요합니다.
- 부모는 지속가능한 사회를 구성하기 위한 학습자로서 자기 자신의 인식과 가치관을 고려한 교육을 구상해야 합니다. 이때, 부모의 실천행동을 지원하고 함께하는 협력자로서 인식을 돕는 차원의 교육을 필수적으로 진행해야 합니다(지옥정 외, 2023 : 222). 부모가 ESD의 인식을 확고히 하면 가정에서 자녀와 함께하는 시간에 행동의 변화, 인식 확대와 지속가능한 실천하는 데 결정적인 동력이 됩니다(지옥정 외, 2023 : 196).

■ 부모 참여운영에서 유의해야 할 점은?

- 영유아 교육기관에서는 부모에게 일방적인 정보를 전달하거나 실천행동을 제안하는 방법으로만 이끌지 않도록 유의해야 합니다. 영유아 교육기관은 부모와 함께하는 시간을 마련할 때, 단순한 지식 전달과 일회적인 실천이나 이벤트에 그치지 않도록 고려합니다.
- ESD에서 실천하는 행동 주체로서 부모가 되기 위해서는 먼저 부모 스스로 이 교육이 왜 필요한지, 부모로서 자신에게 어떤 의미와 가치가 있는지를 인식할 수 있도록 해야 합니다. 따라서 부모 참여운영은 지속가능한 삶을 위한 삶의 태도 및 실생활에서 주로 접할 수 있는 ESD의 사례를 포함해야 합니다.

- 부모는 사회의 시민으로 공동체적인 책임을 인식하고 스스로 지속가능한 삶을 찾아보도록 가치와 방향을 세웁니다. 이때 참여하는 부모는 ESD에서 자기 자신을 성찰하고 스스로 목표를 설정하고 삶을 살아감에 필요한 역량을 기르게 됩니다.

■ 부모 협력운영 세 가지

- 부모교육_지속가능성의 패러다임 공유하기 : 현재 우리는 운영위원회, 놀이공유, 가정연계프로그램 등 다양한 방법으로 가정연계 혹은 부모와의 협력을 실천하고 있습니다. 그렇다면 ESD에서의 부모협력은 무엇이 달라야 할까요? 실천하기에 앞서 부모와 원장-교사는 각자가 가진 지속가능성의 가치와 의미에 대해 의견을 공유하는 것이 필요합니다. 이를 통해 우리 기관에서 추구하는 지속가능성의 패러다임을 재정향하고, 이에 대한 장단기 목표를 함께 세우는 것에서 ESD의 부모협력은 시작되어야 합니다. 그렇지 않다면, 우린 이전과 같이 일회적인 행사에 가까운 부모참여수업, 부모상담, 놀이공유 등을 이어갈 수밖에 없습니다. 때문에 우리가 해야 하는 가장 첫 번째 일은 '지속가능성'에 대한 서로의 의견을 나누며 지속가능의 패러다임을 생성하는 것입니다. 그때, 우리가 행하는 모든 일은 새로운 렌즈로 바라볼 수 있게 됩니다.

- 지속가능성협력위원회로서 부모 : 지속가능성의 패러다임은 이제 거스를 수 없는 시대적 흐름입니다. 현재의 영유아 교육기관 운영위원회를 뛰어넘는 지속가능성협력위원회 구성이 필요합니다. 이는 지속가능성의 패러다임에 대한 동의를 바탕으로 부모, 교사, 원장, 영유아 나아가 지역사회가 함께 영유아 교육기관을 운영해 가는 것을 의미합니다. 각각의 안건에 따라 위원회를 이끌어 가는 위원장은 달라야 합니다. 예를 들어, 영유아 교육기관 운영 전반에 대한 건은 원장이 주최하되 각각의 참여자가 함께 의견을 냅니다. 영유아 교육기관 시설에 관련한 문제가 있다면, 평소 시설에 관심이 많거나 관련일에 종사하는 학부모가 시설관리위원이 되어 함께 수리 및 보수를 할 수 있는 최선을 방법을 도모합니다. 그리고 중간과정을 함께 공유하며 일의 방향을 수정, 협력해 나갑니다. 또한 성인은 영유아의 의견이 각 안건에 반영될 수 있도록 노력해야 합니다.

- 전문가로서 놀이협의 : 유아의 놀이 주제에 대한 지역사회 전문가로서 부모가 협력할 수 있습니다. 특정 주제, 예를 들어 영유아가 로봇에 흥미를 가지고 놀이를 하고 있는데, 로봇 관련 일을 하는 부모가 있다면 교사는 부모에게 놀이에 대한 자문을 구할 수 있습니다. 교사는 놀이를 기록하고 이를 부모와 공유하여 지속적으로 놀이를 해석하고 지원하는 주체로서 참여할 수 있도록 합니다.

■ 부모가 참여하는 ESD의 예시는?

- 지속가능협력공동체 활동의 취지와 가치를 운영계획에 반영하여 '소모임'을 결성합니다.
- 소모임은 영유아, 부모, 교직원, 지역사회 구성원들이 함께 하나의 공동체를 이루도록 지원합니다.
- 디지털 기반의 소통 방법(에듀테크, SNS채널, 소통 앱 등)이나 오프라인 소모임, 워크숍 등으로 '함께하는 시간'을 마련합니다. 이때 다룰 주제는 공공재 이슈나 지속가능발전교육의 핵심 목표들을 소재로 할 수 있습니다. 영유아나 교사들의 요청에 의한 참여 방식도 만들어 갑니다.
- 예를 들어, <더 좋은 놀이터 다같이 만들기> 프로젝트를 주제로 부모가 참여한다면, 부모의 시선에서 필요하다고 생각되는 것들을 이야기합니다. 놀이터에 바람과 그늘이 적절히 어우러지도록 나무심기, 꽃과 식물 돌보기 의견을 냈다면, 실제로 실외놀이터 운영에 정기적으로 참여합니다. 이 과정은 여러 참여 주체들에게 공유하며 인식 개선과 실천에도 영향을 주게 됩니다. 지역사회 협력기관이나 관내 단체, 영유아 교육기관과 정보교류의 기회로도 실천 가능합니다. 직접 참여하는 주체로서 부모가 경험하며 느낀 점들은 지역사회 연계와 협력으로 확장되어 함께하는 문화로 만들고 변화하는 데 역할을 하게 됩니다.

#교사 성찰일지

■ 만들어 가는 과정들 기록하기(사전-사후)

* 각 단계는 놀이흐름에 따라 임의로 작성한 것입니다. 필요에 따라 단계는 수정할 수 있습니다.

• 제안하는 과정

무엇을 만들지?

- 유아·교사 : 놀이 회상하기
- 유아 : 디자인하기

어떻게 만들지?

- 교사 : 부모 참여자 모집
- 부모 : 유아의 디자인을 바탕으로 제작방법 협의
- 전문가 협력 : 필요시, 지역사회 전문가 협력

다가치! 다같이 만들지!

- 교사 : 만들어 가는 과정 기록 및 공유
- 부모 : 협력하여 만들기

■ 과정에 따른 참여자들의 생각 기록하기

– 함께 참여하는 과정에서 참여하는 교사, 부모의 시선에서 바라본 이해와 깨달은 점들을 자유롭게 기록해 보세요.

• 유아

• 교사

• 부모

공정무역 가게놀이 : 어디에서 왔을까?

• 필요성 및 목적

우리는 매일 물건을 소비하며 살아간다. 우리가 소비하는 물건들은 어디서 어떻게 만들어졌을까? 그리고 우리는 어떤 물건을 선택해야 할까?

초콜릿의 주원료인 카카오콩을 수확하기 위해 전 세계 어린이 10명 중 1명이 학교에 가지 못하고 노동을 하고 있다(아키야마 고지로, 2020). 그 이유는 경제발전국 기업들이 제대로 된 임금을 지불하고 있지 않기 때문이다. 그곳의 많은 사람들은 일을 하면서도 빈곤에 시달리고 있다. 가난한 부모들은 아이들을 학교에 보내지 못하고, 아이들은 계속해서 일을 해야 하는 것이다. 지금의 경제 구조가 바뀌지 않는다면 이 아이들이 어른이 되어서도 마찬가지일 것이다.

ESD에서의 '경제' 요소는 우리 스스로 지속가능한 소비 습관을 기르는 것부터 경제선진국들이 공정한 무역을 통해 전 세계가 부의 평등을 이룰 수 있는 소비를 하는 것까지를 의미한다.

• 예상되는 놀이흐름

1. 또래들과 협동놀이(실내, 실외에서 할 수 있는 다양한 협동놀이).
2. 불공정가게 놀이 : 불공정가게로 오세요.
 - 교실에서 만들어 판매할 물건들을 정한다(재활용품을 이용한 장난감, 모루를 이용한 머리핀 등). 교실 놀이와 연계하여 준비할 수 있다. 예를 들어, 교실에서 팽이놀이가 유행이라면 팽이를 만들어 판매할 수 있도록 지원한다.
 - 생산자와 소비자, 재료판매자 역할을 정한다.
 - 교실 내에서 사용할 화폐와 그 단위를 정한다.
 - 재료판매자는 재료의 가격을 정한다. 소비자는 재료판매자에게 재료를 사서 물건을 만든다.
 - 소비자는 재료비보다 저렴하게 가격을 책정하여 물건을 구매한다.
 - 유아는 화폐를 주고받으면서 물건을 산다. 하루의 놀이가 끝나면 교사는 소비자와 생산자가 가지고 있는 돈을 쿠폰으로 바꿔준다.
 - 다음날 자신이 가지고 있는 쿠폰을 화폐로 바꾼 후 다시 놀이를 시작한다(단, 놀이를 처음 시작할 때 정했던 각자의 역할을 바꿀 수 없다).
3. 우리동네 공정무역 가게를 찾아가요/ 공정무역 제품 키트 체험 등
 - 영유아 교육기관 주변 공정무역 가게 견학, 공정무역 제품 키트 체험(코끼리똥 종이 등).
4. 공정무역 제품을 선택해 주세요 : 영유아 교육기관 관계자분들 설득하기!
 (원장, 영양사, 조리사 등)

- **지원**

준비물	- 실내, 실외에서 할 수 있는 다양한 협동놀이 지원하기 - 유아들이 만들어 판매하고 싶은 물건 재료 및 화폐 - 불공정가게 놀이를 한 경험, 공정무역이 필요한 이유 브로슈어 만들기 재료
환경구성	- 협동 놀이할 수 있는 실내, 실외 물리적 공간 마련 - 불공정가게 놀이 영역 구성
상호작용	- '공정무역, 불공정무역'이라는 용어가 유아들에게는 생소하고 이해하기 어려울 수 있어요. 유아의 이해를 도울 수 있도록 초콜릿, 축구공 등의 공정무역에 관한 영상자료를 보며 유아들과 함께 이야기해요. - 학교에 가야 할 어린 아이들이 일을 하는 것에 대한 동정과 연민의 마음을 갖는 것이 필요해요. 또한 경제 선진국의 불법에 맞설 수 있는 문제 의식을 갖도록 상호작용해요. - 이것을 넘어서서 우리가 매일 소비하는 물건들이 어디서 어떻게 만들어졌을까를 고민하며 지속가능한 선택을 할 수 있는 역량을 기를 수 있도록 상호작용해요.

- **성찰**

- 교사 역시 일상 생활 속에서 다양한 물건을 소비합니다. 그 일상적인 소비습관을 멈추고 새로운 삶의 방식을 만들어 가는 것은 쉬운 일이 아닙니다. 하지만 ESD는 교사에게 끊임없이 자신의 삶을 성찰하며 실천적 지식을 쌓아갈 것을 요구합니다.
- 앞으로 나의 일상 또는 영유아 교육기관 안에서 지속가능한 성장을 위한 윤리적 소비는 무엇이 있을지 고민해 보세요.

- **이해**

- 불공정가게 놀이 안에서 각자의 역할에 몰입한 유아들은 다양한 가상의 이야기를 만들어 갈 것입니다. 놀이의 목적은 놀이를 통해 유아들이 불공정한 상황을 직접 놀이를 통해 직접 경험하고, 공정무역의 필요성에 대한 상상의 나래를 펼쳐보도록 하는 것입니다.
- 하지만 다양한 경험과 관계 속에서 놀이의 흐름은 언제든 변화될 수 있습니다. 놀이의 목적을 잊지 않고 유아들이 만들어 가는 가상의 이야기들을 지지해 주세요. 유아들이 어떤 이야기를 만들어 갈지 기대하는 마음! 그 마음이 이번 놀이를 이해하기 위해 가장 필요합니다.

SDGs

- 모두를 위한 지속적, 포용적, 지속가능한 경제성장을 촉진하며 생산적인 완전고용과 모두를 위한 양질의 일자리를 증진한다.
- 지속가능한 소비 및 생산 양식을 보장한다.

#교사 성찰일지

- 아래는 공정무역의 한 예시입니다. 아래의 글을 읽고 어떤 점이 지속가능발전을 위한 경제적 요소의 내용을 담고 있는지 생각해 보아요.

공정무역 : 코끼리똥 종이

코끼리똥 종이는 나무를 베지 않고 만들었기 때문에 우리가 써야 할 종이일까요? 코끼리똥 종이에는 더 큰 가치가 있어요.

스리랑카에서는 농작물을 해치고, 아무 곳에나 똥을 누는 코끼리가 골치였어요.
사람들은 산을 벌초하고 개간하여 농작물을 키워 코끼리들이 사는 곳을 줄여나갔지요.
살아갈 터전이 줄어들자 더 많은 코끼리들이 마을로 내려오기 시작했어요.
사람들에게 코끼리는 더 성가신 동물이 되었고, 사람들은 코끼리를 사냥해서 죽이기도 했어요.

공정무역 : 코끼리똥 종이

이러한 문제를 해결하기 위해 고민하던 한 기업은, 초식동물들의 똥에는 섬유질이 많다는 것을 생각하여 코끼리똥으로 "종이"를 만들기 시작했어요.
지금 스리랑카에는 친환경 코끼리똥 종이 공장이 만들어졌어요. 그리고 많은 스리랑카 사람들은 그곳에서 일하게 되었답니다.

"코끼리 보호, 일자리 창출, 나무를 베지 않고 만들어지는 종이… 또 무엇이 있을까요?"

- 불공정가게 놀이흐름 기록하기
  - '놀이기록 Tip'을 참고하여 나의 생각을 기록합니다.
  - 기록한 내용을 동료에게 이야기해 보세요.
  - 반성적 질문을 통해 동료와 함께 대화하며 나의 역할과 같은 실천적인 지식을 모색합니다

놀이기록 Tip

- 유아들이 놀이하는 과정의 전체 흐름을 기록해 보세요.
- 교사의 눈에 포착되는 장면, 놀이가 변화되어 가는 결정적인 장면들을 기록해 보세요.
- 유아들의 놀이가 서로 합쳐지고 나눠지는 과정들을 기록해 보세요.
- 놀이를 하며 변해가는 유아들의 생각을 기록해 보세요.

- 다음은 교사가 놀이를 관찰하고 성찰한 내용을 기록하는 양식입니다.
- '불공정가게 놀이'를 관찰하면서 요일별로 기록합니다.
- 놀이 기록 시 전체적인 놀이의 흐름에서 나에게 의미 있었던 내용을 중심으로 작성 가능합니다.

놀이	
놀이흐름	전체적인 놀이의 흐름에 대한 간략한 내용

날짜	놀이
( )월 ( )일	
( )월 ( )일	
( )월 ( )일	
( )월 ( )일	
( )월 ( )일	
( )월 ( )일	
( )월 ( )일	
( )월 ( )일	
( )월 ( )일	
( )월 ( )일	
( )월 ( )일	
( )월 ( )일	

참고

공정무역(Fair Trade)이란?

공정무역이란 개발도상국 생산자의 경제적 자립과 지속가능한 발전을 위해 생산자에게 보다 유리한 무역조건을 제시하는 윤리적 무역을 말합니다. 즉, 경제선진국과 개발도상국 간 불공정 무역구조로 인해 발생될 수 있는 인권침해, 환경파괴, 노동력 착취 등의 문제를 해결하기 위한 무역형태이자 사회운동이라고 할 수 있습니다.

공정무역은 보다 투명하고 공정한 방식의 무역을 통해 개발도상국의 소규모 생산자들을 지원하며, 주로 커피, 코코아, 쌀, 과일, 초콜릿, 설탕 등의 식료품이 대상으로, 그 외에도 의류, 수공예품, 인형 등 다양한 물품이 해당됩니다. 세계 공정무역 협회는 매년 5월 둘째 주 토요일을 공정무역의 날로 지정하여 공정무역의 효과를 알리는 데 노력하고 있습니다. 다음 [그림 10]은 공정무역의 역할을 나타낸 것입니다(참고 : 공정무역협회 https://naver.me/5AfkgMtR/ https://naver.me/I5oOFLPP).

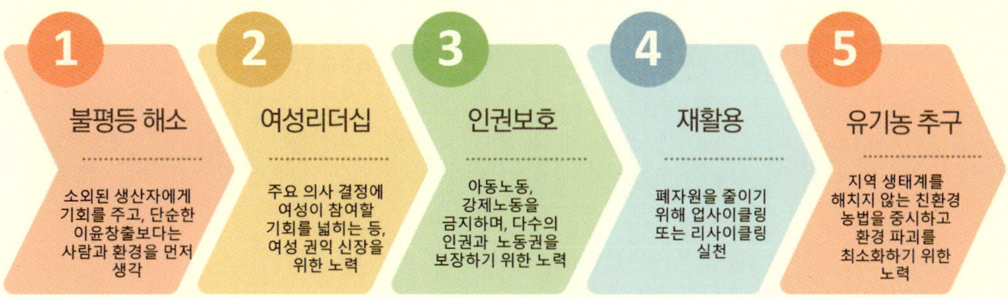

[그림 10] 공정무역의 역할

E
Environmental

S
Social

G
Governance

제4부

ESD를 위한 교사의 성찰

우리가 성찰에서 얻을 것은 그러한 내용적, 결론적인 것들이라기보다는
기존의 지식과 권위를 마주하는 태도, 무엇이 문제인지를 묻는 방식,
철저한 사유 과정에 따른 물음의 전개 등, 형식적, 방법론적인 것들이다.

양진호(2018). 르네 데카르트 성찰. 책세상, p. 208.

ESD를 위한
교사의 성찰

1) 내용

ESD를 지원하는 교사는 정해진 지식을 전수하는 것이 아닌 영유아와의 관계 속에서 그들의 놀이를 이해하는 전문가여야 한다. 이를 위해 교사는 자신이 가지고 있는 생각과 관점에 의문을 품고 객관적인 지식을 이해하고 설명하는 것에 관심을 두기보다는, 우리가 처한 문제들을 해결하기 위해 스스로 성찰하는 자세가 필요하다.

교사는 현재 자신의 관점과 생각에 대한 성찰을 시작으로 동료들과 때로는 다양한 전문가들이 포함된 협력공동체와 함께 자신의 생각을 나누어야 한다. 더 넓은 관점을 공유하게 하는 이 과정들은 서로의 협력 속에 자신의 생각을 비판적으로 바라보게 하며, 공동체 안에서 연대와 협력을 경험하게 한다. 성찰을 통해 교사 역시 지속가능한 삶을 살아가는 주체가 되어가며 전문가로서 역량을 함양해 간다.

2) 실제

- 교사의 성찰하는 시간
  - 현장 사례 중 교사 개인의 성찰내용을 담았다.
- 동료와 함께하는 성찰
  - 교사가 자신의 생각을 동료교사들과 나누는 과정을 담았다.
- 협력공동체와 의미 만들어 가기
  - 협력공동체는 연구자, 교수, 지역사회 전문가, 부모 등 교사 공동체 이외에 다양한 사람이 포함될 수 있다.
- 이 사례는 저자들이 '협력공동체' 구성원으로서 참여했다.
- 생생한 놀이 사례를 보여주기 위해, 교사들의 기록을 그대로 옮겼다.

* 참여 영유아교육기관의 반과 교사 이름은 모두 가명으로 사용되었습니다.

01 교사의 성찰하는 시간

교사는 실행하며 성찰하는 사람이다. 교사는 상황이나 학습자, 교육방법 등에 대해 끊임없이 생각하고 돌아본다. 교사로서 직무를 잘 해내기 위해서는 '성찰성(reflexivity)'이 요구된다. 왜냐하면 영유아 교육기관에서 교사들은 수학 문제를 풀 듯, 정해진 공식을 따를 수만은 없기 때문이다. 더욱이 교실의 상황은 복잡한 관계가 얽혀 있다(이금자, 2021).

교사의 일에는 정해진 답이 없다. 예측 불가능한 사태 그 자체를 매 순간 접하는 상황에도 문제를 해결하며 선택의 순간들을 원만하게 운영해야 한다. 이런 일을 하는 교사에게 필요한 역량은 무엇일까? 복잡하면 할수록, 다양성과 유연성을 요구되는 영유아와 부모 관계 안에서 교사에게 필요한 역량은 '성찰'이고 성찰하기 위한 사고의 힘이 요구된다. '교사의 성찰하기'는 교육과정이나 놀이 지원을 보다 풍부하게 한다. 성찰의 중요성을 알고 성찰하기를 실천해야 함에 동의하지만, 이를 실행하기까지는 많은 어려움이 있다.

ESD에서 요구하는 것은 근본적으로 개인의 변화에서 시작된다(유네스코, 2020). 영유아 교육기관의 변화의 시작은 한 명의 교사로부터 출발한다. 교육의 변화는 결국 교사로부터 시작되는 것이다. ESD를 운영하다 보면 교사들은 예측하지 못했던 다양한 상황을 마주하고 여러 입장을 고려하여 문제를 해결하며 협력을 이끌어 내야 한다(이금자, 2023 : 129-130). 이때 성찰하는 시간을 통해 함께하는 사람들의 목소리를 경청할 기회를 얻는다. ESD를 위해서 교사 스스로 성찰하는 시간을 만들어야 한다.

하루에도 수많은 일들을 감당해야 하는 교사는 자신의 업무에 대한 우선순위를 정하고 이를 '지속'하는 의지가 필요하다. 혼자서 불가능한 벽에 부딪히는 순간도 있다. 성찰하는 시간은 누가 해 줄 수 있는 것이 아니기 때문에 실천할 의지와 확고한 인식이 요구된다. 교사의 성찰하는 시간은 모두에게 동등하게 주어지는 것이 아니다. ESD는 정해진 놀이 사례대로 할 수 있는 교육이 아니다. 그렇기에 교사가 성찰하지 않고 할 수 있는 건 하나도 없을지 모른다. 그만큼 중간에 사라진 의미들을 찾아내고 고민해야 한다. 교사가 고민 없이 교육과정을 계획하고 실행하는 것은 중요한 무언가를 빠뜨린 것과 다름이 없다.

또한 교사의 판단과 사유의 근원을 들여다보는 시간은 동료와 영유아, 부모와 사회관계 맺는 사람들과 소통, 대화, 협력하는 데 필수적인 기술이 되기도 한다. 이 과정에서 교사는 잠깐 나의 판단을 보류하는(에포케) 지혜를 발휘할 수도 있다. 경청의 순간에는 다른 사람의 관점을 이해하도록 노력할 수 있다. 여기서 '에포케'는 '판단중지'라는 사전적 뜻으로 고대 그리스의 '에페케인'(삼가다, 멈추다)에서 유래했다(네이버사전). 결국 사람이나 상황에 따라 정도의 차이는 있으나 교사의 성찰하는 시간은 ESD를 실천하기 위한 지식을 넘어서 행동하게 만드는 의미가 있다.

#교사 성찰일지

* 본 내용은 교사들이 작성한 성찰일지를 바탕으로 구성하였습니다.

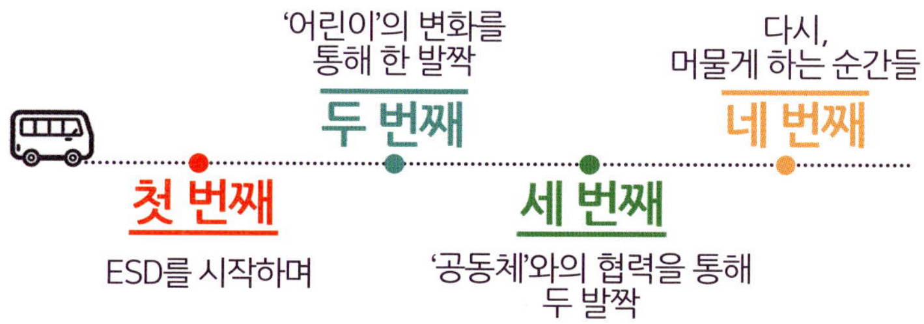

■ ESD를 시작하며

- 저는 솔직히 이야기하면 ESD를 시작하기 전부터 아이들이 관심을 가질 수 있을까, 환경문제를 인식하고 보호를 실천할 수 있을까? 라는 생각이 가장 먼저 들기도 하고, 걱정이 앞섰습니다. 하지만 교실에서뿐만 아니라 가정에서의 이야기도 함께 들으니, ESD의 긍정적인 변화를 느낄 수 있었던 것 같습니다.
- ESD를 듣고 교실에서 지속가능한 삶을 위한 놀이를 실천해야 한다고 했을 때, 아이들이 지구와 환경에 조금이라도 관심을 가질 수 있기를 바라는 마음으로 놀이를 시작했습니다.
- 처음 ESG 교육을 받았을 때, ESG란 막연히 환경교육만을 이야기하는 것이 아니라 여러 가지 범주를 포함하고 있으며 이는 교사의 관찰, 지원 등 교사의 역량에 따라 많은 가치들을 포함할 수 있다는 것, 이를 위해 교사로서 ESG에 대한 지식을 갖추고 있어야 함을 깨닫게 되었습니다.
- 처음 회의를 진행할 때, 가장 고민이 된 부분은 '환경을 하나의 영역으로 만들지 않고, ESD를 어떻게 진행할까였습니다. … 유아의 참여를 위해 말 그래도 '보여지는' 것이 우선이어야 할 텐데 그러기 위해서 하나의 영역이 새로 구성되는 것은 불가피한 부분이라고 생각하였습니다.
- ESD를 시작할 때에는 환경보호에 대한 생각이 많은 부분을 차지했었습니다. 지금까지의 환경보호 활동과 다른 점이 있다면, '지속가능한'이라는 키워드가 있다는 점이었습니다. 교

육공동체를 형성하여 선생님들과 이야기를 나누고 교실의 환경공간을 구성하며 이름 그대로 '내가 할 수 있는 것부터, 우리가 할 수 있는 것부터' 시작했습니다.

- 매년 환경에 대해서 아이들과 이야기를 나누지만 '나중에는 지구가 사라질 수도 있어요', '북극의 얼음이 모두 녹아버릴 수 있어요' 등의 미래에 대한 환경 이야기였습니다. 그래서 '지금 할 수 있는 것부터'라는 제목을 듣고 '지금 내가 환경을 위해 실천하고 있는 것이 무엇이지?' 라는 생각이 들었고 교사로서 부끄러워지기도 하였습니다. 지금도 내가 완벽하게 환경을 지키는 것은 아니지만, 에어컨을 틀더라도 한 번쯤 다시 생각하고 틀게 되었습니다.
- 놀이가 단순히 반복되는 것 같아 숲으로 아이들을 데리고 나가서 다양한 놀이를 경험할 수 있도록 지원해 주었습니다. 그러자 아이들은 돌, 나뭇가지, 솔방울 등 자연물을 이용하여 자신이 좋아하는 모양을 표현하면서 놀이했습니다.

■ '어린이의 변화'를 통해 한 발짝

- 후식으로 나오는 요구르트병조차 어떻게 버려야 하는지 몰랐던 아이들이 이제는 "선생님 이거 플라스틱이에요! 분리수거 해요!"라고 말하며 스스로 행동하는 모습을 보니 마음이 뿌듯해졌습니다.
- ESD를 시작한 뒤, 아이들은 가정에서도 변화한 모습을 보였습니다. 가정에서도 밥을 남기면 북극곰이 아프다고 이야기하고, 쓰레기를 버리면 지구가 아프다는 말을 자주 한다는 이야기를 전해들었습니다. 또한 주말 동안 강가 또는 집 주변으로 쓰레기를 주우러 나가 보기도 하셨다고 했습니다. 이것이 ESD의 긍정적인 변화가 아닐까 생각합니다.
- 교사로서 ESG를 실천하는 것에 대해 어려움과 부담감이 있었습니다. 그러나 반의 유아가 놀이터로 나가 친해진 언니들에게 함께 쓰레기를 줍자고 먼저 제안하고, 음식물 쓰레기를 줄이겠다며 김치를 먹기 시작했다는 이야기를 부모님께 전해 들었을 때 교사로서 보람을 느끼게 되었습니다.
- 환경과 관련하여 유아들과 문제를 제기해 보고 직접 실천 방안을 모색하고 유아들과 우리가 지킬 수 있는 환경 공간을 구성해 보며 앞으로 지구를 위해 유아들만의 생각과 방법으로 색다르게 표현해 볼 수 있는 계기도 되었습니다.
- 활동이 진행되고 초반에는 〈북극곰이 역할놀이〉가 이루어졌습니다. … 전에는 단순히 "북

극곰 집이 사라진대요, 불쌍해요"라고 이야기했습니다. 그런데 활동이 진행됨에 따라 일상생활에서 환경을 생각하는 마음이 유아들에게 하나둘씩 나타나기 시작했습니다. … 어린이집에서뿐만 아니라 가정의 일상생활에서도 꾸준히 환경을 지키기 위해 실천하는 모습을 볼 수 있었습니다.

- 지속가능한 삶을 위한 환경 교육은 저와 아이들의 일상이 조금씩 변화하게 되는 계기가 되었습니다. 아이들에게 주입식으로 환경에 대한 인식을 심어주기보다 놀이를 통해 스스로 환경문제를 생각해 볼 수 있게 하자는 교사의 마음가짐이 달라졌고, 바다 생물이 쓰레기로 인해 살기 어려워진 환경에 공감하며 깨끗한 바다를 만들어야겠다고 다짐하는 아이들의 마음가짐이 달라졌습니다.
- 유아들의 놀이가 교사의 생각과는 다르게 흘러갔지만, 교실에서 변화된 점이 있었습니다. ESD 놀이를 하며 교실의 쓰레기 양이 눈에 띄게 줄었다는 것입니다. … 이러한 변화는 일상생활 속에서도 나타났습니다. 핸드 타올을 두 장 뽑았을 때 거리낌 없이 두 장을 쓰던 아이들도 "나 두 장 뽑았는데, 너 하나 줄까?"라고 이야기하는 모습을 보였고, 미술 영역에서 만들기 활동 시 테이프보다는 목공풀이나 풀, 미술 재료를 활용하는 빈도가 늘어났습니다.
- 우리반 친구들이 실천하고 있는 것은 6월의 반찬도전입니다. 유아들이 6월에 남기지 않고 먹을 반찬을 정한 후, 다 먹으면 도장을 찍도록 하였습니다. 그 후, 아이들은 반찬을 먹기 위해 노력합니다. … 아이들이 다 먹었을 때 "도장 찍을 수 있겠다"라는 말보다 "○○가 오늘도 환경을 지켜주었네!"라고 이야기해 주며 우리가 노력해서 환경을 지켰어!라는 생각을 할 수 있도록 해주는 것이 저의 역할이라고 생각합니다.
- 아이들이 환경보호에 대해 알아가고 조금씩 변화함에 따라 교사에게도 영향을 미치고 있었습니다. 일상생활 속에서 무심코 지나치는 것들을 다시 한번 생각해 보게 되고 전에는 아무 생각 없이 버렸던 재활용품을 현재는 어떤 놀이로 활용해 보면 좋을지에 대해 고민해 보기도 합니다.
- ESD를 교실 놀이에 접목하며 우리반의 가장 큰 변화는 '아이들'입니다. … 환경과 관련된 활동을 알림장으로 작성하면 부모님들께서 환경과 관련된 일화를 남겨 주십니다. 등 · 하원 시에 비닐을 챙겨서 쓰레기를 줍는다는 이야기, 따뜻한 물이 나올 때까지 물을 틀어 놓으면 물이 낭비된다며 잔소리를 해서 샤워하기가 어렵다는 이야기…아이들의 모습을 부모님께 전해 들을 때마다 아이들의 말과 행동의 변화가 크게 와닿았습니다.

- ESD의 긍정적인 변화를 직접적으로 느껴볼 수 있는 경험이 되었습니다. 환경과 관련하여 유아들과 문제를 제기해 보고, 직접 실천 방안을 모색하고, 유아들과 우리가 지킬 수 있는 환경 공간을 구성해 보며 앞으로 지켜주어야 할 지구를 위해 유아들만의 생각과 방법으로 색다르게 표현해 볼 수 있는 계기도 되었습니다.

■ 공동체와의 협력을 통해 두 발짝

- 옆 반 교실에 방문하여 아이들과 함께 관찰해 보고 놀이하는 시간을 가져보았습니다. 이러한 방문을 통해 유아들이 바다에 대한 관심도가 높아져 다음 주 중에는 유아들과 교실에 바다도 함께 구성해 볼 예정입니다. 그리고 지난번에 대표님께서 동물들이 사는 곳이 너무 좁은 것 같다고 피드백해 주셔서 이번에 손바닥 도장을 찍은 잔디밭으로 공간을 재구성해 보았습니다.
- '환경오염', '지구온난화'와 같은 주제를 3세 아이들과 이야기를 나누고 활동하는 것 자체가 어렵다고 생각했었습니다. 추상적인 주제이기 때문에 상상이 기반이 되어야 한다고 생각했기 때문입니다. 그러나 ESG 특강과 교사 협력공동체를 통해 다양한 아이디어를 얻고 여러 가지 방법을 시도해 보며 환경에 대한 아이들의 관심이 높아지는 것을 알 수 있었습니다. … 교육공동체를 통해 교사들이 함께 고민하고 협력하는 과정에서 교사 스스로 성장할 수 있는 기회가 된 것이라 생각합니다.

■ 다시, 머물게 하는 순간들

- 우리반의 ESG 활동 방향은 '낭비하지 말고 아껴서 쓰레기를 줄여, 동식물을 보호하자'입니다. 그런데 미술놀이를 좋아하는 유아들은 이를 실천에 옮기는 데 어려움을 보였습니다. 그림을 그리거나 만들 때는 재미가 있지만 일회성으로 즐기고 버려지는 쓰레기들이 많아 종이나 만들기 재료들을 더 제공해 주어도 되는지 고민이 생겼습니다. 또 활동을 진행하면서 어쩔 수 없이 쓰레기가 발생하는데, 이것이 과연 ESG 가치와 맞는 것인지, 그것이 아니라면 쓰레기가 발생하지 않는 활동으로만 제공해야 하는지 고민도 생겼습니다.
- 아이들과 함께 하는 ESD 놀이 및 활동이 너무 성인의 시선에서만 바라보고 있는 것은 아닌가 하는 반성이 들기도 했습니다. 하지만 연구원분들이 "교실에서 진행하는 ESD에는 정

답이 없어요"라고 하신 말씀이 계속 기억에 남습니다. 정답이 없기 때문에 예상과는 다르게 흘러가는 놀이흐름에서 아이들에게 배우는 점도 많고 교사로서 전문성도 점차 키워지는 것 같습니다.

- 우리의 고민은 여기서 끝나지 않았습니다. 현재 저희 반의 환경공간은 또다른 놀이영역과 마찬가지로 특정 놀이가 이루어지는 환경영역이 되어버렸다고 느껴졌기 때문입니다. 때문에 유아들이 일상생활 속에서 자연을 느끼고, 경험하고, 즐길 수 있도록 하기 위해서는 어떤 지원이 필요할까에 대한 고민이 들기 시작했습니다. 동시에 혹시 내가 나의 기대를 충족시키기 위한 지원을 하고 있는 것은 아닐까? 하는 생각이 들었습니다. 앞으로도 지금처럼 '내가 할 수 있는 일'을 실천할 예정이지만 고민은 계속해서 생겨날 것입니다. 고민하고 성찰하고 고민하는 과정이 반복되며 '지속가능한'이 실현될 것이라고 생각합니다.

02 동료와 함께하는 성찰

1) 내용

- 동료와 함께하는 성찰은 내가 관찰한 내용, 내가 가진 질문들에 대한 새로운 시선을 제공한다. 우리는 같은 문화를 공유하면서 살아가지만 그 안에서의 개인이 만들어 가는 경험의 의미는 모두 다르기 때문이다. 같은 상황을 보면서 다르게 반응하는 것, 다른 해석을 하는 것에 대한 경험은 누구에게나 있을 것이다. 때문에 교사는 자신이 가진 지속가능 요소들에 대한 가치, 관찰한 놀이 기록을 동료교사와 함께 공유한다.

2) 실제

- 동료와 함께하는 성찰 1 : 지구와 지속가능성에 대한 나의 생각과 교사의 역할 공유하기
- 동료와 함께하는 성찰 2 : 놀이 실제1 '지금 할 수 있는 것부터'의 놀이관찰 및 지원 그리고 고민
- 동료와 함께하는 성찰 3 : 협력공동체로서 연구자의 성찰기록에 대한 재성찰

현장 사례

동료와 함께하는 성찰 1

첫 번째 교육공동체는 'ESG 가치로 그려본 ESD'를 중심으로 교사교육을 진행하였다. 교사들은 연구자가 제시한 질문을 중심으로 생각해 보고, 나의 생각과 교사의 역할에 대해 성찰한 내용을 동료와 공유하는 시간을 가졌다.

■ 첫 번째, 지금 할 수 있는 것부터!

1. 나에게 지구는 ○○이다.

- 나에게 지구는 지켜야 하는 것이다 : 사람, 동식물과 함께 살아가는 지구는 우리가 함께 지켜야 하니까
- 지구는 삶이다 : 살아가는 데 꼭 필요한 존재
- 지구는 숨이다 : 지구가 아프면 미세먼지 많아지고 숨쉬는 것이 힘드므로
- 지구는 시간이다 : TV에서 지구에게 시간이 없다는 내용을 봤는데 이미 돌이킬 수 없는 상황인데 사람들이 자각하지 못하고 있는 것 같음. 당장 우리가 느끼지는 못하지만 전쟁 같은 일이 일어날 수 있음
- 지구는 내가 죽어도 영원히 함께하는 존재
- 지구는 보호해야 하는 것
- 지구는 삶이다 : 태어나서 죽을 때까지 지구에서 살아야 하므로
- 지구는 친구이다 : 친구는 나에게 기쁨을 주기도 하고, 다치게 하기도, 돌봐 줘야 하기도 하는데, 지구는 자연재해로 인한 피해, 즐거움을 주고 내가 가꿔야 하는 대상이므로
- 지구는 생명이다 : 지구가 없으면 나도 없기 때문에
- 지구는 전쟁이다 : 한정적인 자원을 가진 존재이며 지난번 강의 때 대표님이 이야기해 주신 내용이 강력해 기억이 난다.
- 지구는 심장이다 : 없어서는 안 될 존재이므로
- 지구는 집이다 : 모든 생명체가 살아가는 공간이므로

2. 교사로서 살아가는 지속가능한 삶은 ○○이라고 생각한다.

- 모델링이다/ 모범적이고 모델링을 보일 수 있는 삶 : 교사가 말로만 하는 것이 아닌 실천하는 것을 보여주는 것이 중요함
- 성찰이다 : 지구에 대해 듣고 배우고 교육하지만 나 스스로 잘하고 있는지 성찰의 시간이 필요함. 이런 반성적 사고를 통해 아이들과 올바른 방법을 찾을 수 있을 듯
- 솔선수범하는 것
- 환경에 관심 가지고 지원하는 것
- 미래 살아갈 아이들에게 알려주어 실천할 수 있도록 돕는 것 : 환경보호 생각은 했지만 실천은 잘 안 했던 것 같음
- 친환경적으로 놀이하고 아이들이 지구를 사랑할 수 있도록 교육하는 것 : 아이들이 놀잇감을 만드는 데 플라스틱 등 지구를 오염시키는 물질을 많이 사용하므로, 자연 친화적인 자료를 사용할 수 있도록 지원해야 함
- 지속가능한 것들을 실천하는 것 : 미래의 우리 삶이 지속될 수 있도록 작은 것부터 실천해야 함
- 배움이다 : 교사교육, 공부를 통해 배우는 것. 아이들에게서 나도 모르게 배울 때도 있음. 이렇게 작은 것 하나하나 배우며 실천해 나가는 것

3. 지속가능한 삶을 위해 우리가 해야 하는 일은 무엇일까?

- 작은 것부터 절약하는 것
- 나 자신부터 바꾸는 것
- 끊임없이 협력하고 배우는 것. 혼자 하는 것이 아닌 공동체를 이루어 협력하는 것
- 나부터 환경에 관심을 가지고 머리로만 생각하는 것이 작은 것부터 실천하는 것
- 지구를 아끼라고 말하는 것이 아닌 지구를 사랑할 수 있도록 돕는 것
- 자연에서 놀이할 수 있는 기회를 주며 지구를 사랑하는 마음을 가지게 하는 것
- 내가 살아있는 동안 다음세대들이 잘 살아갈 수 있도록 잘 가꾸는 것
- 일상생활에서 변화하는 것
- 환경문제에 관심을 가지는 것. 그래야 내가 실천할 수 있는 것을 찾아 실천할 수 있음
- 인식하는 것

4. 우리반에서 지속가능한 삶을 위해 할 수 있는 실천은?

- 작은 약속부터 지키기
- 내가 편하려고 했던 것에서 변화하는 것(예 핸드 타올 : 애들한테는 1장 쓰라고 하고 나는 2장 씀)
- 진짜 실천할 수 있는 작은 것부터 아이들과 실천하는 것(예 불 끄기, 물 1번 내리기, 휴지 적당히 사용하기 등)
- 유아들이 재활용품 만드는 것을 좋아하는데 자연에서 얻을 수 있는 나뭇가지, 열매 등을 놀이재료로 사용하면서 일상생활 속에서 놀이재료를 찾아 노는 것
- 지속가능한 놀이를 하는 것(교사가 어릴 때에는 자연물, 안 쓰는 도구로 놀이를 많이 했는데 요즘 유아들은 장난감이 많아 경험하기 어려움. 유아들에게도 이런 경험을 제공하면 좋을 것 같음)
- 친환경적인 재료 찾아보기. 친환경적인 놀이 안내하기
- 자연의 소중함 알도록 교육하기(아이들이 자연의 소중함을 알고, 관심을 가지고 실천할 수 있도록 하기)
- 미술재료 절약, 아이들과 약속 정해 실천하기, 놀이 속에서 아이들이 스스로 지속가능한 삶을 실천하도록 돕기
- 일상생활에서 작은 실천하기(예 인쇄 종이 줄이기, 불 끄기, 물장난 치지 않기, 분리수거 하기, 잔반 줄이기, 휴지 또는 비누 아껴 쓰기)

동료와 함께하는 성찰 2

두 번째 교육공동체는 '지금 할 수 있는 것부터'에 대한 교사의 놀이관찰과 지원 그리고 다시 지원으로 이어지기 위한 고민이 성찰의 주 내용이다. 교사들은 연구자가 제시한 네 가지 질문을 중심으로 유아의 놀이를 관찰한 후 협의하였고, 유아의 놀이와 교사의 고민을 나누면 다음과 같다.

■ 첫 번째, 지구와 자연 환경보호에 대한 유아의 생각은?

• 유아의 생각	• 교사의 지원
- 환경에 관한 영상을 본 뒤 3~5세 유아의 이해정도는 차이가 있었습니다. 하지만 유아들은 바다의 오염, 기후위기로 인해 위험에 처한 북극곰 등 동물들에 대해 많은 관심을 보였습니다. - 5세반은 지난 해 ESG에 관한 활동을 해서인지 지구보호에 대한 이야기를 많이 하였습니다.	- 3세의 경우 유아들의 이해를 돕기 위해 다양한 사진과 영상 자료를 지원하였습니다. 특히 동영상의 내용에 관심을 많이 보여 자주 함께 보았고, 내용에 대해 여러 번 자세히 이야기 나누었습니다. - 지구와 환경보호를 위한 실천 내용에 대해 구체적으로 나누었습니다. - 유아들이 동물과 깨끗한 바다에 관심을 많이 보여 환경공간 구성과 연계하여 놀이를 지원하였습니다.

■ 두 번째, 지구와 자연환경 보호를 위해 유아가 이야기한 내용과 실천방식은?

• 유아의 생각	• 교사의 지원
- 유아들은 교실에서 물, 미술재료, 화장지, 핸드타올을 절약해서 사용하자고 했습니다. - 미술영역, 화장실에 우리가 실천할 내용을 적어서 붙여 놓았습니다. - 실외놀이에 나갔을 때 쓰레기 줍기를 하자고 이야기했습니다. - 다른 사람들도 함께 볼 수 있도록 어린이집 계단에 실천방법을 붙여놓자고 이야기했습니다.	- 자원을 절약할 수 있는 반의 약속을 정해보았습니다. - 유아들이 하루 한 가지 목표를 정하고 실천할 수 있도록 함께 이야기 나눈 후, 실천도장을 찍어주고 있습니다. - 유아들이 자신의 실천 내용을 포스터로 만들어 어린이집에 부착할 있도록 다양한 미술재료를 지원했습니다.

놀이 에피소드!

날씨가 너무 더워 에어컨을 켰어요.

유아 : 선생님, 에어컨도 낭비 아니에요?

교사 : 에어컨 꺼줄까?

유아 : 아니요!!

■ 세 번째, 환경공간을 만들어 가는 협의 과정과 놀이장면에 대한 관찰과 지원

유아들은 기후위기, 동물, 북극곰, 자연에 대해 공통적으로 관심을 보였다. 하지만 각 반의 공간 구성과 그 안에서의 놀이는 다르게 펼쳐졌다. 생생한 놀이 현장을 보여주기 위해, 교사들의 협의내용을 기록하고, 이를 그대로 옮겼다.

이 기록은 유아의 놀이가 어떻게 흘러가는지 볼 수 있다. 또한 교사의 지원과 고민에 대한 공감이 가능하게 한다. 뿐만 아니라 이 자체로 하나의 기록이 되어 읽는 사람으로 하여금 유아의 놀이에 대한 또 다른 지원과 생각을 가능하게 한다.

• 3세, 공주님반	• 교사의 지원
- 환경공간은 유아들이 플레이하우스 밑으로 정하였고, 교구장을 치워 어두웠던 공간을 좀 더 밝게 구성하였습니다. - 숲에서 어떤 놀이를 할 수 있을지 이야기를 나누었습니다. 유아들은 나뭇가지, 돌, 솔방울 등 자연물을 가지고 놀이하자고 하였습니다. 뿐만 아니라 동물에 대한 관심도 높았습니다. - 거북이가 불쌍하다고 우는 유아가 있어 동물 모형을 지원하였습니다. 그러자 동물 모형으로 놀이하는 모습을 보였습니다. 교사가 "어떻게 해야 동물들이 깨끗한 환경에서 음식을 먹을 수 있을까?"라고 하자 역할영역 음식 모형을 가져와 동물 먹이주는 놀이에 관심을 많이 보였습니다.	- 유아들이 놀이에 풀과 꽃을 필요로 하는데, 시들어 버려서 코팅을 해서 지원해야 할지, 그냥 주어야 할지 고민이 됩니다. - 환경공간에 달팽이뿐 아니라 개미도 데리고 오자는 유아들의 의견이 있어 놀이터에서 개미를 잡아 놓아줄까 고민하고 있습니다.

• 3세, 뭉게뭉게 구름반	• 교사의 지원
- '바다'에 대한 이야기가 나와 바다놀이를 시작할 예정입니다. - 동물(범고래)에 빨대 꽂힌 사진에 충격이 커서 '쓰레기 모으고 줄이자'라는 의견이 모였습니다. - 쓰레기 어떻게 버리는지 알아본 뒤, 분리수거에 대해 알아보았고, 유아들은 분리수거를 하자고 제안하였습니다. - 동물을 위한 공간을 구성하자고 하였고, 유아들이 "번개 맨이 되어 바다를 지켜줘요"라는 의견을 내어 교실의 플레이하우스에 박스와 재료로 환경공간을 구성하였습니다. - 플레이하우스 문이 2개인데 유아들이 깨끗한 바다, 더러운 바다로 칸막이를 막아 2개의 바다를 만들자고 제안하여 함께 만들어 보았습니다.	- 교사들이 유아들의 흥미가 없어 보일 때 바닥에 쓰레기를 보여주며 하루 동안 버린 쓰레기를 보여주자 유아들은 "더러워"라고 말하였습니다. 교사는 이런 쓰레기가 모여 바다가 더러워진 것이라고 설명해 주었습니다. - 유아들이 자연물에 대해 이야기하여, 그날 바로 산책에 나가 주워왔습니다. 주워 온 것은 다듬고 세척 후 제공하였습니다. '더 제공할 수 있는 게 무엇이 있을까?' 고민하고 유아들과 필요한 것을 이야기 하자 돋보기, 달팽이, 색칠할 색연필 등을 이야기하여 제공해 주었습니다. - 영유아들이 분리수거를 할 수 있도록 통을 지원할 예정입니다.

• 4세, 귀여운반	• 교사의 지원
- 깨끗한 바다 위에 사는 북극곰에 관심을 보였습니다. - 환경공간 구성 전, 자연 보호할 수 있는 재료를 모아 구성하자고 설명하자 나뭇잎, 나뭇가지, 열매, 돌멩이 자연물을 이야기하였습니다. 실외놀이터에서 자연물을 주워 왔고 이제 안전을 고려하여 구성해 줄 예정입니다. - 자연물이 필요한 이유로는 나뭇잎으로 파도를 꾸미기, 돌멩이로 바다 만들기, 나뭇가지로 북극곰 자전거(발 시려울까 봐) 만들어 주기 의견이 나왔습니다. - 비닐로는 바다를, 블록으로는 이글루를 구성하고 싶어 하였습니다. 비닐을 지원해 주자 유아들이 관심을 보였습니다. 빙하 상자에 음식모형을 넣어 북극곰 먹이 창고를 만들었습니다. - 유아들은 교사가 지원한 북극곰 장갑, 먹잇감 놀잇감을 가지고 빙어잡기 놀이를 하기 시작하였습니다.	- 유아들이 동물에 대해 관심을 많이 가져 동물 모형을 지원하였습니다. - 북극곰 역할놀이로 진행되고 있어 녹고 있는 바다에 유아들이 더 관심을 가질 수 있도록 지원할 예정입니다. - 환경공간을 어떻게 구성해야 할지 어려움을 느끼고 있습니다. 다른 반 공간 사진을 보고 이야기를 들으며 어떻게 진행해 나갈지 아이디어를 잡고 있습니다. - 자연물로 환경공간을 구성하자고 하여, 유아들과 밖으로 나가 자연물을 수집했습니다. 그 후 세척하여 유아들에게 지원해 주었습니다.

• 4세, 귀염둥이반	• 교사의 지원
- 동영상을 본 뒤, 오염된 곳과 깨끗한 환경 사진을 다시 보며 유아들에게 어디에서 살고 싶은지 교실에 많은 휴지심으로 투표를 했고, 투표 결과 깨끗한 곳에서 놀고 싶다는 의견이 많이 나왔습니다. - 유아들이 바다 생물과 멸종위기 동물에 관심을 가졌습니다. 바다 생물이 아프지 않았으면 좋겠다는 한 유아의 의견이 있어 쓰레기를 줄일 수 있는 방법에 관심을 보였습니다. 그 후, 유아들은 쓰레기를 버리지 말자는 팻말을 만들었습니다. - 유아들의 관심이 짧고, 흥미가 없는 것 같아 고민이 됩니다. - 1명의 유아가 팻말을 만들기 시작하자, 다른 유아들도 관심을 갖기 시작했습니다. 사람들한테 자연과 환경오염에 알려줘야 한다는 유아들이 많았고 교사, 부모, 손님들에게 홍보해야 한다는 의견이 있었습니다. - 글씨와 그림으로 알려주자는 의견이 있어 어린이집 내 교실로 올라오는 계단에 유아들이 만든 포스터를 부착해 알릴 예정입니다. - 상상력특공대를 진행하면서 유아들이 눈으로 볼 수 있고 관심을 가질 수 있도록 시각적 자료를 준비하고 실천할 때마다 스티커 모으기를 해보고 싶다고 해서 진행할 예정입니다.	- 환경보호에 대한 홍보를 요청하는 유아들이 많아 포스터를 만들 수 있는 다양한 미술재료를 지원하였습니다. - 포스트 제작 후, 유아들과 함께 어린이집 내부 계단에 부착하였습니다. - 수호대가 되기 위해 망토를 요청하는 유아가 있었습니다. 망토를 지원하여 혹시 싸움놀이가 되지 않을까 걱정이 됩니다.

• 5세, 환경지킴이반	• 교사의 지원
- 같은 색깔, 다른 자연 영상을 보자 유아들은 놀라며 바다를 지키고 싶다는 이야기를 하였습니다. - 교사가 "왜 쓰레기를 버리지 말아야 할까?"라고 묻자 "바다 오염돼서 동물이 먹을 수 있어서요"라고 아이들은 대답하였습니다. 자연스럽게 '우리반에 바다가 생긴다면?'이라고 이야기를 나누며 깨끗한 바다 만들기로 놀이가 시작되었습니다. - 환경공간 구성할 자리에 대해서 이야기를 나누자 대집단 모임자리, 과학영역, 쌓기/ 역할영역에 구성하자는 의견이 있었습니다. 유아들과 투표 후 쌓기/ 역할로 선정하였습니다. - 환경 공간을 구성하면서 유아들이 파란색 바다, 동물이 필요하다고 하였습니다. 필요한 재료를 이야기 나누면서 비닐로 바다를 꾸미기 시작하였습니다. - 바다가 있으니 유닛 블록으로 바다 동물들을 지켜주는 거북선을 구성하는 유아들이 있었습니다. - 환경공간을 구성하며 놀이하다 보니 비닐이 잘 찢어지고 구멍이 생기는 견고성의 문제가 발생하였습니다. 바다를 튼튼하게 만들 방법에 대해 이야기를 나누자 3월에 손바닥 도장 찍기를 해 본 한 유아가 손바닥 도장으로 파도를 만들자고 제안해 바다의 바닥 부분을 손바닥 도장 찍기 한 것으로 변경하였습니다. - 또한 바닥으로 사용한 찢어진 비닐은 손바닥 찍기 한 것을 함께 사용해서 아스테이지를 덮어 재사용하였습니다. - 바다 생물을 만들어 은박지, 박스로 달아 주기도 했습니다.	- 환경공간 구성을 위한 매체(비닐, 은박지, 자연물 등)를 지원하였습니다. - 북극곰, 멸종동물 등에 대해 이야기를 나누었습니다. - 동물들이 살 수 있는 숲을 구성하기 위한 매체(자연물, 블록, 초록매트 등)를 지원하였습니다. - 환경그림을 그리고 싶다는 유아에게는 폐현수막을 지원하였습니다.

• 5세, 멸종위기반	• 교사의 지원
- 북극곰인 동물이 살 수 있는 곳, 얼음이 녹아 북극곰이 살 수 없는 곳(우리가 지키지 못한 북극)을 만들고 싶어 했습니다. - 환경공간을 어떻게 구성할지 대해 이야기를 나누자 교실에 있는 라이트 테이블을 빙하로 표현하고 싶다고 하였습니다. - 놀이를 확장하여 멸종동물 영상을 보고 멸종동물이 살 수 있는 공간에 대해 이야기를 나누자 대나무, 나무 등의 자연환경을 이야기하며 숲을 구성하는 것으로 연계되었습니다. - 숲에 아픈 동물 치료해 주는 아파트, 병원을 구성했습니다. - 다른 사람들에게도 이런 사실을 알려줘야 한다고 이야기하며 교실 벽에 TV를 그려 부착하였습니다. - 살기 좋은 환경에 대한 그림 그리기를 하고 싶은 유아도 있었습니다.	- 유아의 놀이를 따라가며 현재 교실에서 하고 있는 놀이와 연계될 수 있도록 지원하였습니다.

■ 네 번째, 놀이를 지원하는 교사의 고민과 나눔

• 고민	• 나눔
- '지구 지킴이 수호대'를 정하고 바다를 지키고 싶다며 망토를 달라고 하는 유아가 있습니다. 그런데 유아들이 망토 때문에 싸움 놀이를 할까 봐 걱정이 됩니다. - 팻말 등을 만들어 홍보하고 싶다는 유아들이 있습니다. 그런데 환경을 생각하면서 더 많은 미술재료들을 사용해도 될까?라는 고민이 듭니다. - 환경이 아닌 북극곰 흉내내기 놀이가 진행되고 있는 것 같습니다. 녹고 있는 바다로 좀 더 초점을 맞추어 지원하고 싶습니다. - 환경공간을 구성하면서, 어떻게 지원해야 할지 너무 고민이 됩니다. 다른 반들의 사진을 보고, 이야기를 들으면서 어떻게 구성해 나가야 할지 아이디어를 얻고 있습니다.	- 과일 선물세트 보자기를 사용해 보면 어떨까요? 망토를 주되, 놀이방법에 대해서 유아들과 충분히 이야기 나누는 것도 좋을 것 같습니다. - 일회용으로 한 번 쓰는 것만 아니라면 만들기 재료로 사용해도 괜찮지 않을까요?

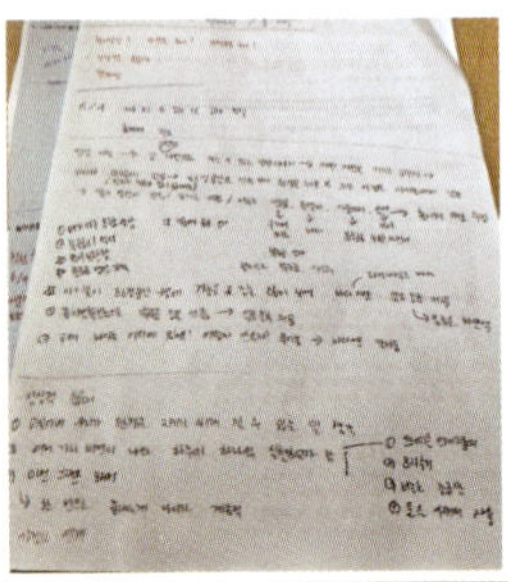
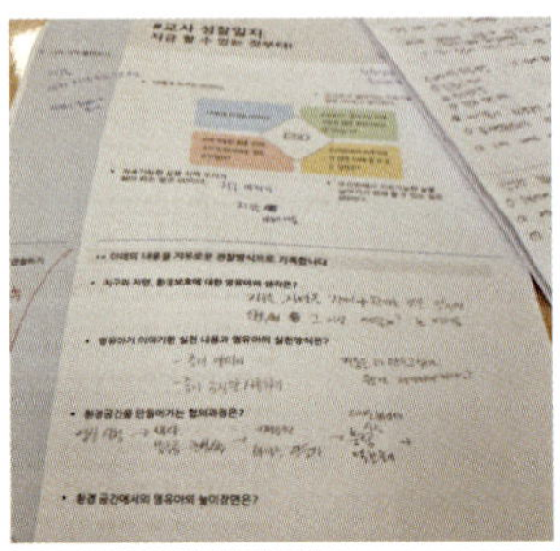
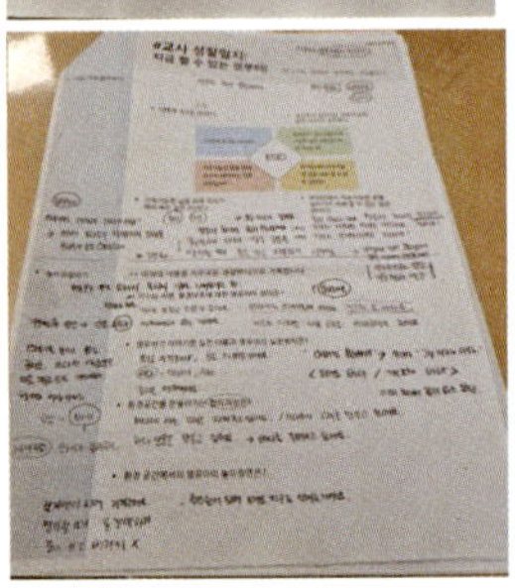
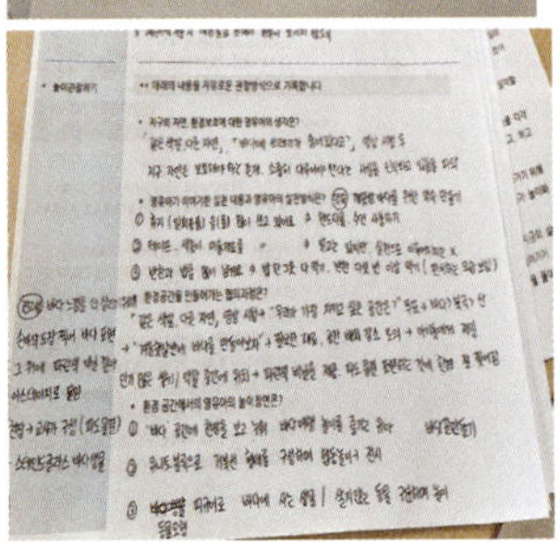
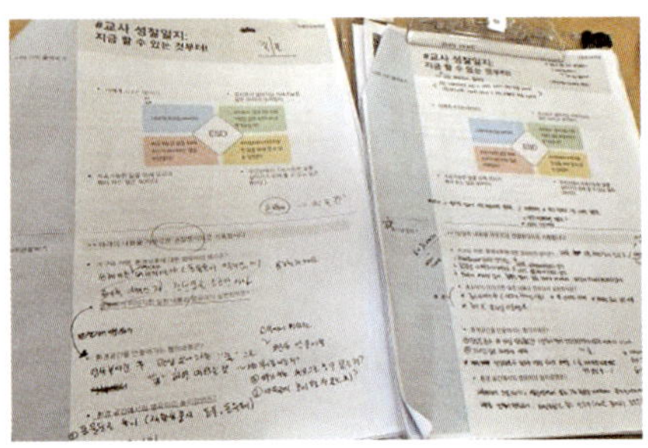

동료와 함께하는 성찰 3

* 본 내용은 교사들의 공동체 협의록을 바탕으로 구성하였다.

■ 성찰 배경

- 이번 협력공동체 모임은 연구자의 성찰에 대한 교사의 재성찰 과정이다.
- 연구자들은 2024년 ○월 ○일에 유아반 놀이를 관찰하였다.
- 관찰 후, 연구자들과 교사는 '놀이란 무엇이라고 생각하는지', 'ESD를 하며 경험하고 있는 변화'를 중심으로 대화를 나누었다.
- 그 후, 연구자는 교실 관찰과 협의 내용을 중심으로 성찰일지를 작성하여 교사들에게 공유하였다.
- 교사들은 연구자들의 성찰일지를 읽은 후, 자신들도 성찰일지를 기록하였다.
- 그 후, 서로 나눠 읽으며 협의하는 시간을 통해 연구자와의 시선에 자신의 시선을 덧입히고 아울러 다른 교사들과 의견을 나누는 시간을 가졌다.

"또 다른 사람이 봤을 때의 시선은 다를 수가 있구나"라는 것을 느꼈던 것 같아요.

- 저는 저희 반의 놀이를 글로 써 주신 것을 보고, 저희 반 아이들이 그때 하고 온 머리핀이랑 머리끈을 다 풀어가지고 전시해 놓고 하는 놀이가 있었어요. 연구원님은 그 놀이도 아이들한테 의미가 있고 어떻게 환경이랑 연계되는지 말씀하셔서, 제가 생각했을 때는 환경이랑 관련된 놀이가 아니다 했는데, 다른 사람의 시선은 다를 수가 있구나 라는 것을 느꼈던 것 같아요.
- 저도 그 자리에 같이 있었으면 그게 환경에 관한 놀이라고 생각을 안 했을 텐데 그렇게 담아 주시고 또 좋은 방향으로 어떤 놀이가 이루어질지 기대가 된다고 말씀하셨던 것 같아요. 그래서 교사가 좀 더 넓은 시야와 범주를 가지고 관찰하고 기대하면서 제안해 주는 것이 교사의 역할이라는 생각을 다시 한번 했어요.
- 연구원분 성찰일지를 읽고 아직 부족하다 느꼈어요. … 친구들이 이런 것을 조금 더 다른

방향으로 이렇게 피드백해 주시고 그러셨잖아요.

- 선생님들이 부족한 게 아니라 우리가 현장에서 애들과 대화하다 보면 다른 시선을 못 볼 수도 있잖아요. 근데 그 연구원분이 우리가 보지 못했던 시선을 주신 거라고 생각하거든요. 더 좋은 아이디어를 주셨기 때문에 그런 걸 듣고 저렇게 할 수도 있겠구나 생각하면서 진행해 보면 좋을 것 같아요.
- 놀이하면서 아이들이랑 산책할 때도 언덕이나 숲에서 놀이해 봤는데, 진짜 그냥 그 잔디밭에서 놀이하는 거랑은 진짜 달랐어요. 애들이 그냥 나뭇가지 하나로도 너무 재미있게 놀고 서로서로 막 벌레 나오면 또 우르르 가서 또 다 같이 벌레 본다고 막 엄청 난리 나고. 그래서 진짜 작은 것 하나에도 이렇게 많이 관심을 갖는구나 해서 한번 더 나가보려고요.
- 저희 반은 다른 반에 가서 놀이하는 것을 보았거든요. 저희 반에 없었던 숲이 구성되어 있었는데 형들이 재활용품으로 만든 호랑이 같은 것도 보고 직접 솔방울이랑 나무들로 주변에 꾸며 놓은 것 보고 이것은 뭐냐 이것도 해보고 싶다 저것도 해보고 싶다, 그리고 먹이를 주면서 놀이하고 싶다, 이렇게 이야기하더라고요. 다른 반에서 본 것을 통해 숲이나 동물에 대해 관심이 생기는 계기가 되었어요.
- 저희 반도 다른 반 놀이를 보면서 또 다른 놀이에 관심을 갖게 된 것 같아요.
- 연구원분이 그때 애들 놀이하는 것을 사진 찍어서 공유해 주라고. 오늘 친구들이 이런 놀이 했대. 친구들에게 소개해 줄래? 라고 이야기하면서 꼭 해봤으면 좋겠어요. 친구들 간의 놀이를 공유하고, 서로 공간을 교차해서 해봤으면 좋겠다고. 그런 것을 교실에서 실천해 보고 다음에는 나눠 볼 수 있으면 좋겠어요.

"선생님들이 활동을 진행할 때 어떻게 할까 고민하고 지원하는 모습들이 보여요."

- 아이들이 자연에 나가서 노는 것을 보니 어! 나도 옛날에 했던 놀이인데. 그런데 아이들이 알려주지 않아도 자기들이 놀이하고, 콩벌레에 관심을 많이 가지고 놀이하고 그런 놀이를 되게 좋아하더라고요. 그래서 신기했어요. 뭔가 내가 가르쳐 주지 않아도 아이들이 자기 스스로 놀이를 찾아서 하는구나. 그래서 그런 것들을 좀 보면서 자료를 제공해 주려고 해요.
- 그냥 흘려보낼 수 있는 놀이가 환경과 관련된 놀이일 수도 있겠다 라는 생각이 들더라고요. 그래서 우리가 그때 지난번에도 그런 이야기 했잖아요. 그 관찰 찰나의 놀이 순간. 이런 것들 되게 많이 이야기했었는데 그게 진짜 중요한 거구나. 이런 생각이 들긴 하더라고요.
- 저희 반도 지구지킴이를 하고 있는데 상호작용하는 것에 있어서 반성을 하게 되었던 것 같아요. "오늘 지킨 사람 누구야?" 이렇게 묻기만 했었는데. ○○선생님은 자신이 이제부터 실천을 해야겠다라는 내용을 많이 적으셨더라고요. 그것을 읽은 후, 우리가 아이들한테 교육을 하고 있지만 아이들이 변화하는 것뿐만 아니라 내가 변하고 있구나 라는 것을 생각해 본 것 같아요.
- 아이들의 놀이 화제는 금방금방 전환되니까 바깥 놀이 가면 또 나뭇가지 가지고 와서 또 그쪽에 가서 나무에 꽂아서 나무 심어주는 놀이 하고, 열매 같은 것 주워 가지고 거기에 또 놓고. 그렇게 놀이하고 있는데 이제 연구원님이 써 주신 것처럼 우리가 좀 더 거기에서 아이들의 놀이를 지원해 줄 수 있는 것에 대해 메이트 선생님과 이야기해서 열린 매체랑 같이 지원해야겠다고 생각했어요.
- 열린 매체가 자연물 말고도 많아요. 자연물뿐 아니라 다른 매체들도 지원해 주면서 아이들이 어떤 놀이를 하고 있는지 이야기 나눠도 너무 좋을 것 같아요.

03 협력공동체와 의미 만들어 가기

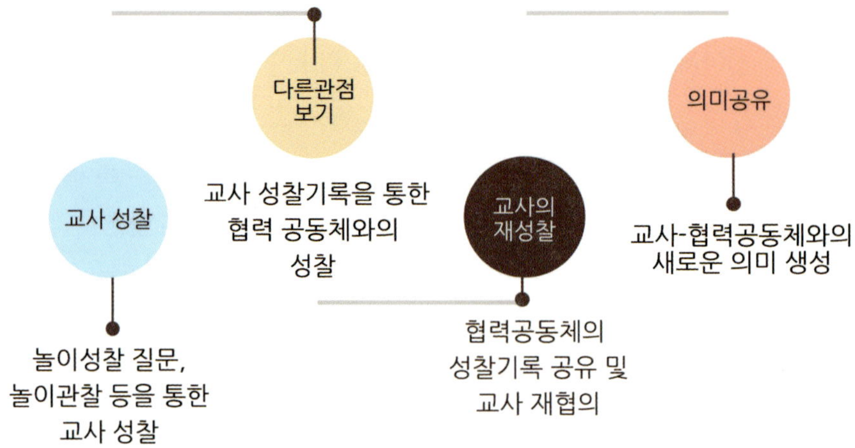

1) 내용

협력공동체는 서로의 '성찰'을 중심으로 순환적으로 이루어져야 한다. 교사 성찰기록을 통한 협력 공동체와의 성찰은 서로 다른 관점을 보게 한다. 협력공동체의 지원은 서로의 의견을 일방적으로 전달하는 것이 아닌 공동체에 속한 모두가 서로의 의견을 나누어 가며 새로운 의미를 생성하게 하는 매개여야 하기 때문이다. 교사는 협의 후, 그 내용을 다시 성찰하며 유아의 놀이를 이해하고 지원하는 과정을 통해 자신만의 경험을 만들어 갈 수 있어야 한다.

2) 실제

함께하는 성찰 1 : 지구, 자연, 지속가능한 삶에 대한 교사공동체의 협의에 대한 연구자의 성찰
함께하는 성찰 2 : 교사공동체 협의에 대한 연구자의 성찰
함께하는 성찰 3 : 현장놀이관찰과 이후 교사와의 만남 후 연구자의 성찰
함께하는 성찰 4 : 놀이에 대한 서로의 시선 나누기

1차

지속가능한 삶을 위한 시작,

정답이 없는, 무한한 상상력을 펼치며 한걸음!

누군가 나에게, ESD에 대해 연구하며 내 생활에서 가장 먼저 변화된 일은 무엇이냐고 묻는다면, 나는 서슴없이 대답한다.

“물티슈 한 장 쓸 때, 진짜 물티슈가 필요한지 생각하고, 두 장이 필요할 때는 한 장만 씁니다!” 라고.

선생님들 역시 마찬가지였다. 선생님들이 생각한, 지구를 위해 할 수 있는 일은 ‘지구를 위해 절약하는 것, 작은 것부터 시작하는 것, 일상생활에서 변화를 시작하는 것, 환경 문제에 관심을 가지는 것’이었다. ESD를 연구하는 나에게도, 지금 막 관심을 갖고 교육을 시작하는 교사들에게도 지속가능한 삶을 위한 시작은 ‘내가 지금 할 수 있는 것부터’였다.

‘지구의 한계는 나의 삶, 곧 우리의 삶에도 한계를 가져온다’는 유네스코의 명제에 우리는 모두 동의한다. 자연은 가장 작은 것부터 가장 큰 것까지 관계 맺고 있기 때문이다. 하지만 우린 여전히 지구의 유한함을 무시하고, ‘기후 위기’는 나의 문제이기보다는 먼 이웃의 이야기로 생각하고 있지는 않은지 반문할 필요가 있다. 이 맥락에서 우리는 성찰일지를 통해 ‘나에게 지구란 무엇인지’에 대해 질문해 보았다. 지구는 우리에게 ‘집이자, 숨이자, 삶이자, 친구’라고 교사들은 대답하였다. 즉, 우리는 지구 없이 살아갈 수 없기 때문에, 더불어 함께 살아가야 하는 공동체였다.

지구에서 살아가는 세계 공동체 시민으로 우리가 나의 삶 속에서, 교사로서 해야 하는 일은 분명했다. “미래를 살아갈 아이들에게 자연을 사랑하고, 자연을 아낄 수 있는 방법을 알려주고 실천하도록 하는 것”이다. 교사들의 많은 이야기 중 나는 “아이들에게 지구를 아끼라고 말하는 대신, 지구를 사랑하도록 돕는 것”이라는 문장이 눈에 띄었다. 그것에 연관하여 교사들은 “자연에서 놀이할 수 있는 기회를 주면 지구를 사랑하는 마음을 가지게 하는 것”으로 연결하였고, “실천 방법으로 재활용품으로 놀이하기, 다양한 자연물로 놀이하기" 등의 의견을 내었다.

다만, 자연물은 우리에게 "놀잇감을 대체하는 또 다른 놀잇감"은 아니다. 교사들의 이야기대로, 유아들은 자연에서 얻은 것들을 가지고 놀이하며 새로운 눈으로 자연을 바라보게 될 것이다. 왜냐하면, 그 작은 매체를 통해 유아들과 자연은 이제 서로 놀이를 주고받을 수 있는 관계로 맺어지기 때문이다.

마지막으로, 교사들이 환경공간을 구성하는 것에 대해 어려움을 느낀다는 이야기를 전해 들었다. 그 공간의 구성은 정해진 답이 없다. 나는 '내가 만약 교사라면 어떻게 했을까?'라고 상상해 보았다. 먼저 유아들에게 '지구', '자연' 하면 어떤 색이 떠오르는지, 그 자연에서 어떤 놀이를 해보았는지(예를 들어, 산책, 캠핑, 숲놀이터, 공원 등), 그때 느낌을 색으로 표현한다면 어떤 색일지 등에 대해서 이야기를 나누어 보려고 한다. 아마 유아들은 자신들이 말하는 각양각색의 색을 말할 것이다.

그 색을 종이, 물감 등으로 표현한 뒤 벽면을 다양한 색지를 붙이고, 그 종이로 모빌을 만들고 물감을 섞어 만든 다양한 색을 유리병에 담아 한쪽 장을 구성해 보면 어떨까? 그럼 유아들의 자연과 지구에 대한 자신의 추억과 생각이 '색'으로 표현되어 그 색을 볼 때마다 자연에 대한 자신의 이야기가 떠오를 것이다. 그리고 친구의 색을 보면서 친구의 이야기를 공유할 수 있는 기회로 이어질 수 있지 않을까? 환경공간으로 어린이와 자연이 나아가 어린이끼리 또다른 관계를 맺어갈 수 있지 않을까.

이것은 그 반의 놀이와 유아를 알지 못하는 나의 상상이다. 지속가능한 삶, ESD는 교사의 무한한 상상력을 필요로 한다. 지금 우리가 하던 것을 멈추고 해보지 않은 것, 앞으로 해야 하는 것들에 대한 고민이 필요하기 때문이다. 기존의 방식에 익숙한 나의 교사로서의 삶에 조금은 다른 상상력을 가미하는 것, 그것 역시 ESD의 또 다른 시작이 될 수 있다. 지속가능한 삶은 그러한 삶을 살아가기 위한 역량을 필요로 하기 때문이다.

우리는 이미 ESD를 시작하였다. 지구공동체 시민으로서 우리의 삶을 반추하고, 지속가능한 삶의 패러다임으로 교육을 바라보기 시작했기 때문이다. 이제 우리가 가져야 하는 것은, 이제까지 살아보지 못한 새로운 삶에 대한 무한한 상상력이다.

2차

우리, 서로를 응원하며

우리의 ESD 참여 주체는 유아, 교사, 원장, 부모, 지역협력공동체로서 연구자이다. 유아는 놀이하며 지속가능한 삶의 역량을, 교사는 자신의 삶과 영유아의 놀이를 이해하고 지원하기 위한 성찰을, 원장은 교사의 ESD 과정 운영을 지지하고 지원하며 지역-부모-교사-유아를 잇는 중간자로 참여한다. 마지막으로 협력공동체로서 연구자는 교사, 원장, 부모에게 ESD에 대한 새로운 시선을 제공한다. 이번 모임은 영유아의 놀이를 중심에 두고 원장-교사-연구자가 한자리에 모였다.

영유아는 놀이한다. 영유아의 여러 놀이들 중 필자에게 가장 흥미롭게 다가온 놀이는 유아들의 역할놀이였다. 역할놀이는 영유아가 가장 좋아하는 놀이이자, 가장 활발하게 참여하는 놀이이다(곽승주, 2016). 더위와 추위를 경험하는 북극곰, 나무 위에 올라가고 떨어지기를 반복하는 다람쥐, 물속에 버려진 쓰레기를 거북이와 물고기들이 먹지 않도록 하기 위한 역할놀이들. 그 놀이들은 '환경'이라는 주제를 통해 유아가 더욱 깊이 지구환경에 관해 관심을 갖고 동물과 지구를 보호하기 위해 힘쓸 수 있는 다양한 방법들을 생각할 수 있게 한다.

이와 더불어 우리가 생각해 볼 또 다른 하나는 유아가 상상놀이에 몰입하며 즐거움을 느끼는 과정의 의미이다. '몰입'은 자신이 자발적인 선택과 능동적인 탐색이 허용될 때 가능하다(곽승주, 2016). 또한 또래와 대화하며 서로 까르륵 웃는 그 과정 역시 함께 놀이하고 있는 참여자들의 공감과 연대의 즐거움을 경험할 때 펼쳐진다. 놀이는 그 안의 교육내용을 포함하지만, 놀이가 가진 특성 그 자체가 유아에게 배움을 가져온다. 그렇기 때문에 우리는 놀이중심으로 ESD 과정을 운영한다.

두 번째 참여주체로서 교사들은 공동체의 협력을 경험하기 시작했다. '유아의 흥미가 너무 짧은데 어떻게 지원하면 좋을까?', '특공대 놀이를 하고 싶다는데 망토를 지원해도 좋을까?', '환경 공간은 어떻게 구성하면 좋을까?' 서로 모여 자신의 반 놀이를 나누고 지원을 위해 협의한다. 나아가 '놀이를 지원하면서 재료를 낭비해도 될까?', '유리테이프를 양껏 사용하게 하는 것이 맞을까?' 등 그동안 익숙하게 지내왔던 생활 습관에 대한 고민을 나눈다. 서로는 옆 반 선생님이 아닌 ESD를 함께 만들어 가는 동료가 되었고, 점차 함께함의 의미와 기쁨을 경험해 가고 있다.

교육의 실천은 시간, 장소, 사람에 따라 다양한 형태로 변형 가능해야 한다(유네스코, 2012; 2020) 이를 위해 연구자는 교사에게 지속가능한 삶과 교육에 대한 개념, 지식, 이해교육을 진행했다. 그 후 교사들은 자신들의 실천으로 ESD를 만들어 가기 시작했다. 지역협력공동체로서 연구자는 공동체의 일원으로 교사들에게 새로운 관점과 시선을 제공하는 동시에 ESD에 대한 연구자들의 상상력이 교육현장에서 펼쳐지는 경험을 하고 있다. 연구자는 그들과 교육과정을 함께 만들어 가는 동반자로서 함께한다.

우리는 지속가능한 사회를 만들기 위한 교육을 위해 마주한 주체들이다. 우리는 서로를 나와 관계 맺고 있는 사람으로서 존중하며, 각자가 가진 시선들의 마주침을 기대하며 그렇게 두 번째 모임을 마쳤다. 협의를 마친 후 유아들의 놀이 영상과 사진들을 다시 돌려보았다. '5세반의 숲놀이는 어떤 이야기가 만들어졌을까?', '재활용품을 가지고 악기를 만들던 4세반 아이들의 놀이는 악기가 더 생겼을까?', '머리핀에 관심이 많았는데, 액세서리를 만들게 되었을까?', '3세반의 바다 생물들은 쓰레기로부터 자유로워졌을까?' 그 안으로 들어가 함께했기 때문에 이전에는 없었던 호기심이 생겼음을 느낀다. 이와 동시에, 성인이 예측할 수 없는 방법으로 놀이를 펼쳐 나갈 유아들의 상상력을 기대하며 다음 모임이 기다려진다.

3차

"함께하는 이유, 우리가 존재할 수 있는 시간"

교실 문을 열자 열기가 훅 느껴졌다. 교사와 아이들은 제각각 무언가에 몰두하고 있는 얼굴에는 긴장까지 스며들어 있는 모습이었다. 혹여나 내가 교사들의 노력을 흠집내지는 않을까 조심스러운 마음으로 사진 한 장이라도 현장의 열정을 담아내는 게 오늘 목표였다.

지난 달 ESG, ESD 가치와 프로그램의 방향을 강의했을 때 봤던 교사들과는 확실히 달랐다. 방문했던 세 교실 모두 다른 환경공간을 만들어 가는 과정을 볼 수 있었고, 교사들은 반드시 해내리라는 결의가 환경 구석구석마다 울림으로 전해오는 듯했다.

협력공동체 교사들은 두 번의 협력공동체 모임을 했다고 들었다. 교사들은 지난 두 번의 모임에서 교실에서 실천하고 있는 놀이를 동료들에게 공유하며 2시간도 짧게 느껴졌다는 말을 했다고 들었다. 교사들은 저마다 중간에 사라진 의미들을 상상해 보기도 했고, 앞으로 해 보면 좋을 시도들도 상상하며 조금씩 변해가고 있었다.

협력공동체는 ESD를 실천하는 주체들이 서로의 생각을 나누고 소통하는 가운데 새로운 시선을 배우며 문제해결도 경험한다(유네스코, 2022). 공동체에 참여한 교사들이 저마다 교실에서 실천한 이야기를 말할 때는 미소가 가득했다. 이 안에서 예상하지 못한 배움과 즐거움은 교사들의 얼굴에서 나타나는 듯했다.

ESD가 막막했던 교사들도 놀이로 제안한 실제에서 어느새 자기 역할을 찾아가고 있었다. 협력공동체에서 동료와 함께하는 성찰로 나 혼자만의 고민이 아니라, 서로에 대한 관심과 애정으로 새로운 길로 다가선다. 처음으로 도전한 ESD와 '환경공간'을 만드는 과정에서 협력공동체 교사들은 어느 때보다 많이 만나고 대화도 활발히 했던 것이다.

교사들은 저마다 자기 교육을 하기 마련이다. ESD 미션을 수행하면서도 마찬가지다. 교사로서 교육과정을 운영하면서 경험하는 고민과 딜레마는 협력공동체 구성원들과 집단창의성, 상상력, 문제해결력, 비판적 사고 등과 같은 삶의 역량을 사용한다(유네스코, 2019). 또 교사들은 함께하는 성찰 시간을 통해 그간 내가 해 오던 일들을 나의 시선을 넘어서서 동료의 관점에서도 바라보는 배움을 경험한다.

동료와 함께하는 성찰은 놀이 사례를 매개로 하여 서로의 생각의 활주로를 넘어서게 만들고 있었다.

이전에는 고민 없이 제공했던 놀이 재료도 "내가 교육을 하려고 쓰레기를 더 만드는 건 아닐까?", "쓰레기를 어떻게 버려야 지구가 좀 더 깨끗하게 살 수 있을까?"라는 물음으로 다시 실천을 새롭게 했다. "그냥 놀이를 지원해 오던 것도 다시 고민이 되고", "막 뭔가를 만들어 주려고 하지 않아도 애들이 할 수 있게 질문을 진짜 많이 질문하고" 이러한 경험을 통해 교사들은 서로의 고민과 의견을 나누며 함께 배우고 성장통을 경험한다. 이 과정에서 교사들은 어떤 경험을 하고 있을까? 교사들은 무엇을 배우고 있는지 궁금했기 때문에 나는 교사들을 들여다보기 시작했다.

놀라운 건, 내가 만난 선생님들의 열정적인 모습이었다. 협력공동체에 소속된 교사들의 열정은 어디서부터 시작되었는지 순간 궁금해졌다. 현장에서 교실을 본 후 교사들과 만나 대화를 나누며 나의 시선에서 떠오른 사유를 나누는 즐거움, 이야기를 들으며 생성되는 감동, 협력공동체 구성원들 간에 만남을 이루는 이 과정 자체가 새롭게 다가왔다.

이러한 역량은 유아들의 놀이에서도 마찬가지일 것이다. 유아들에게도 만남의 장을 열어주면 어떨까? 그런 상상을 해보며 교사들에게도 내 생각을 공유했다. 교실에서 저마다 자기가 하고 있는 놀이에 대해 말하려는 유아들. 처음 본 나에게 "나무가 자라고 있어요. 더운 동물에게 시원하게 해 줘야 해요."라고 말하던 유아들의 영롱한 눈빛이 나에게 여운으로 남아있다.

교실의 경계를 허물로 일상에서 만나는 유아들 간의 만남의 장을 만들어 주는 건 어떤지, 이 말을 하면서도 이전 경험이 떠올랐다. 우리가 제안한 ESD는 연령의 제한이 없어서 동일한 놀이 주제로 진행할 수 있다. '지금 할 수 있는 것부터'라는 같은 주제여도 유아들의 놀이는 갇히지 않고 우리의 기대를 넘어선다.

성인보다 유아들은 유연하고 자유로운 사고로 세상과 교류한다. 동일 주제여도 모든 반의 놀이 환경과 내용 등 같은 걸 찾기 어려울 정도였으니까. 일과 중 다른 반 친구를 초대하기도 하고, 연령을 넘어서서 방문하고 교류하는 기회를 주면, 유아들의 놀이는 어떻게 될까? 연령을 넘어서 유아들이 내 교실을 넘어서서 우리가 거주하는 공간, 우리들이 더불어 살아가는 곳으로 이해한다면 그것 자체도 삶의 역량이 된다.

두 번째 현장 방문은 "함께하는 우리"로 생성된 끈끈한 '소속감'을 발견한 동시에 협력공동체인 우리가 재발견하는 시간이었다. 함께하는 성찰 모임이 한 번 두 번 계속 이어간다면 우리의 실천은 더 깊어질 것이고, 또 다른 사람들의 배움과 실천에도 영감을 주리라 소망한다.

성찰일지를 쓰는 중, 청소년 환경 운동가 크레타 툰베리의 말이 문득 떠올랐다.

"지금의 어른들이 다음세대의 미래를 파괴하고 있다. 현 세대가 미래세대에게 최소한으로 물려줘야 할 자산이 있다면 그것은 존재할 수 있는 시간이다" … 우리가 함께하는 이유, 교육을 하는 진짜 이유는 무엇일까? 우리와 아이들이 존재하는 이 시간을 위한다는 사실을 잊지 않아야겠다.

" 동물들이 쉴 수 있게 나무를 심어요. 꽃이 피고 열매가 생겼어요!!"
- 3세반 아이들의 목소리 -

 # 4차(협력공동체 협의)

함께 나누고 같이 성장하는 우리

2024년 ○월 ○일 우리는 세 번째 모임을 가졌다.

연구자는 지난 ○월 ○일 관찰한 놀이를 기록(연구자의 놀이기록 1, 2, 3)으로 남겨 교사들에게 연구자의 시선을 더하고자 했다. 교사는 기록을 읽은 후 영유아의 놀이를 관찰하며 가장 인상 깊거나 의미 있었던 놀이, 기록을 읽은 후 달라진 생각에 대해 이야기하는 시간을 가졌다. 마지막으로 교사들에게 새로운 영감을 주기 위해 열린 매체 지원 환경 사진을 공유하였다.

또한 지속가능한 삶을 살아가기 위해 필요한 유아와 교사의 역량에 대해 나누며 ESD는 환경, 경제, 사회요소의 내용을 뛰어넘는 가치를 포함하는 교육임을 다시 한번 나누는 시간을 가졌다. 같은 맥락에서 영유아뿐만 아니라 교사들 역시 자신이 가지고 있는 역량은 무엇이며, 앞으로 더 필요한 역량은 무엇인지에 대해 성찰해 볼 수 있도록 하는 질문으로 협의를 마쳤다.

그중 여기에서는 교사들에게 의미 있었던 놀이에 대한 이야기를 함께 나누어 보고자 한다. 변해가는 유아의 놀이와 교사의 시선은 우리에게 큰 울림을 주었다.

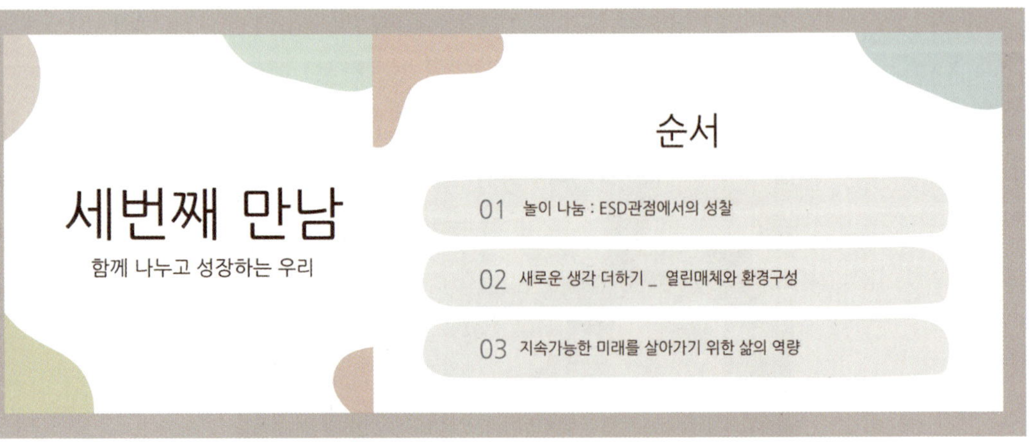

연구자의 놀이기록 1

서로의 상상이 부딪혀 만나는 놀이

"똑똑똑 들어가도 되나요?"로 시작되는 놀이. 그렇게 벽돌블록으로 만들어진 공간 안에 모인 유아들은 서로 역할을 정한다. 하지만 유아들의 놀이는 역할에 크게 얽매이지 않는다. 엄마, 아빠, 아기… 가족놀이로 시작된 이 놀이는 어떻게 흘러갈까?

EP1. 똑똑똑 들어가도 되요?

여아 1 : 똑똑똑 들어가도 돼요?
여아 2 : 네 들어와요.
여아 3 : (남아 1이 끼우기 블록으로 만든 것을 보며) 우와 아이스크림 맛있겠다. (먹으려는 표현을 한다)
남아 1 : 아니야, 먹으면 안 돼.
여아 3 : 내가 애기 하고 너는 엄마 할 거야?
남아 1 : 아니. 아니 너가 엄마 해.
여아 3 : 너는?
남아 1 : (친구들을 가리키며) 누나 엄마 아빠 그리고 나는 애기.

놀이는 갑자기 예상치 못한 방향으로 흘러간다. 기존의 집 옆에 새로운 공간이 생겼기 때문이다.

EP2. 수영장! 수영장!
여아 2 : 여기는 수영장 할까.
여아 1 : 맞아 우와.
여아 2 : 수영장! 수영장! 수영장! 수영장!
여아 1, 2, 3 : (모두 바닥에 엎드리며) 수영장 수영장. 어푸어푸.

수영장 놀이는 '공룡' 놀이로 변신한다.

EP3. 으악! 공룡이다
여아 1 : (바뀐 TV 화면을 보며) 어? 거북이다! 거북이 바뀌었다.
동물을 가지고 놀이했던 남아 2가 "으아아" 하면서 동물 흉내를 내기 시작한다.
여아 1, 2, 남아 2가 '으악' 소리를 지르면서 손을 내민다. 벽돌블록을 쌓고 있던 남아 3도 손을 내민다. 그러자 공룡이 된 아이는 "으아~" 하며 잡아먹는 시늉을 한다. "공룡! 으아!" 음식을 가져다주고 먹이를 준다. 그러다 다시 도망가기를 반복한다.

벽돌블록으로 만든 공간에서 유아들의 놀이는 계속하여 변해간다. 얼핏 보면 유아들의 흥미가 지속되지 않는 것처럼 느껴진다. 다시 한번 들여다보자.

여아 1, 3은 놀이 맥락에 들어가기 위해 서로 역할을 정하고, "똑똑똑 들어가도 돼요?"라고 말하며 역할 전략을 사용한다. 수영장 놀이는 갑자기 만들어진 것이 아니다. 남아 3은 여아들이 "똑똑똑 들어가도 돼요?"라고 이야기하며 놀이할 때부터, 계속하여 끊임없이 벽돌로 공간을 구성하고 있었다. 다음 사진은 남아 3의 구성 모습을 담아낸 사진이다.

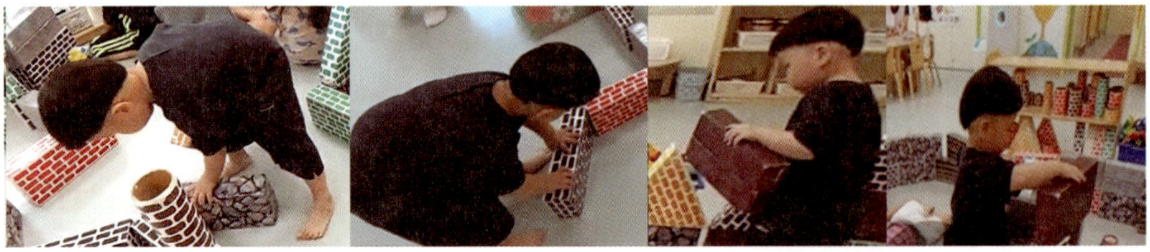

남아 3이 구성한 벽돌 공간을 본 여아 1, 2가 수영장을 연상하였고, 여아 1, 2가 "수영장! 수영장!" 하고 외치자 여아 3이 놀이에 합류하며 바닥에서 수영하는 표현을 한다. 그렇게 수영장 놀이로 이어지게 되었다.

세 번째 에피소드에서 남아 2는 처음부터 동물 인형을 가지고 놀이하고 있었다. 유아들이 다른 놀이를 할 때에도 그 흥미는 지속됐다. TV에 나온 거북이로 인해 여아 1, 2가 "거북이다! 거북이다!" 하고 외쳤고, 순간 여아 1, 2는 TV 화면을 보기 위해 남아 2 쪽으로 몸을 돌렸다. 그러자 남아 2는 "으아~" 하고 동물 소리를 낸다. 여아 1, 2와 남아 2를 가로막은 벽돌블록으로 인해 남아 2는 갇힌 동물이 되고 여아 1, 2는 바깥에 있는 구경꾼이 된다. 블록을 쌓던 남아 3도 놀이에 합류한다.

유아들의 놀이는 성인이 예측할 수 없는 방법으로 변해간다. 이 변화의 중심에는 자신 스스로 만들어 가는 놀이, 또래의 행동과 변화된 환경으로 인해 만들어지는 놀이, 찰나의 순간에 아이디어를 얻어 시작되는 놀이가 있다. 유아들의 놀이는 개인의 생각과 환경으로서 공간, 타인으로부터 영향을 주고받으며 변해가고 만들어진다.

ESD는 어떠한 모습이어야 할까? 이것과 동떨어진 모습일까? 그렇지 않다. 지속가능한 사회를 위해서 우리에게는 상상력, 협력, 연대와 같은 삶의 역량이 필요하다. 유아들은 놀이하며 상상하고 이미 타인과 의미를 주고받으며 함께 웃는다. 서로가 만든 공간 안에서, 함께 놀이하기 위한 다양한 전략들을 사용하며 놀이하기 때문이다.

환경교육에 익숙한 우리는 환경의 내용과 관련되어 있지 않은 이 놀이가 ESD와 어떤 관련성이 있을까? 하는 의구심이 생긴다. ESD는 환경, 사회, 경제 내용 그 이상을 포함한다. 유아들의 놀이는 그 내용을 넘어서서 놀이 안에서 지속가능한 삶을 살아가기 위한 가치 자체를 발견할 수 있게 한다.

연구자의 놀이기록 2

놀이로 자라는 아이들

스스로 무엇인가를 해내고 느꼈던 뿌듯함! 우리도 살아가며 느꼈던 감정이다. 그 마음은 우리가 쉽게 해결되지 않을 것 같은 문제들도 끝까지 포기하지 않고, 다시 도전할 수 있는 힘이 된다.

4세반 유아들의 그 순간들을 사진으로 함께 보자.

• 모빌을 만드는 유아

• 악기를 만드는 유아

• 사탕가게를 만드는 유아

모빌, 악기, 사탕가게. 놀이 모습은 모두 달랐지만 옆에 친구와 이야기를 나누면서도 유아들의 놀이는 지속되었다. 유아들의 손끝과 표정에서 그 놀이의 진지함을 느낄 수 있다. 유아들은 완성 후에도 그것을 손에서 놓지 않고 자신이 만든 다른 천에 매단다고 하거나, 교사에게 자신이 만든 것을 소개 해 준다. 사탕가게를 만드는 유아 역시 주변의 많은 유아들이 오고 갔지만 놀이를 지속하여 결국 가게를 완성했다.

몰입이란, 자발적으로 선택하고, 과정 그 자체가 목적이 되어 지속하게 하는 힘(곽승주, 2016)을 말한다. 그리고 이것은 강력한 동기가 되어 스스로 무엇인가를 완성하고 마무리하였다는 확신과 자신감을 가져다준다. 이 자신감은 나 스스로뿐 아니라 다른 사람을 존중하게 하는 힘이 된다(유네스코, 2022).

특히 나에게 인상 깊었던 놀이는 사탕가게 놀이였다. 나는 이 유아가 사탕가게를 만들고 있는지 알지 못했다. 교실을 막 나오려는 찰나, 유아가 유니트 블록으로 만든 공간 안에 앉아 있어 무엇을 만든 것일까 궁금하여 물어보았다. 유아는 너무나 환한 미소를 지으며 나의 물음에 답해주었다.

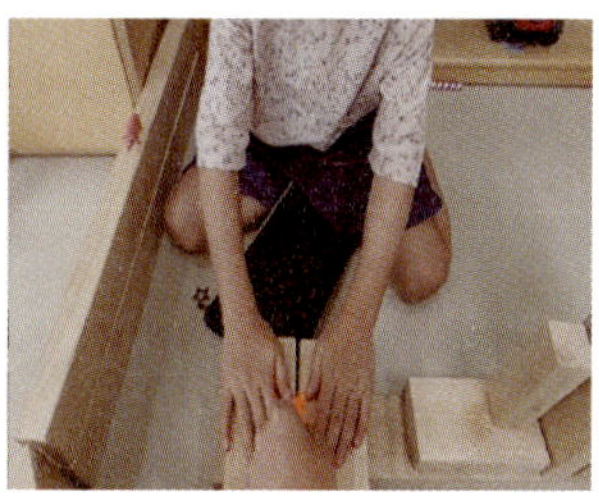

나 : 여기 멋지다. 여긴 뭐 하는 곳이에요?
유아 : 사탕가게요. 무슨 맛으로 드릴까요?
나 : 블루베리 맛이요.
유아 : 네 여기요. 다 먹은 사탕은 여기 위에, 저절로 열려서 아래로 들어가요.
이것도 해보세요.

그 후, 나는 다른 놀이를 보기 위해 영상을 돌려보던 중, 사탕가게를 만드는 유아의 모습을 눈여겨 보게 되었다. 유아는 유니트 블록을 열고 닫으며 다 먹은 사탕껍질을 버릴 수 있는 쓰레기통을 만들어 놀이하고 있었다. ESD는 결과보다는 한 개인과 공동체의 내러티브를 중시한다. 서로 간의 대화를 통해 상호 맥락을 구성하고 이해하는 것이 필요하기 때문이다. 그리고 그 맥락 안에서 서로는 타자와 연결되고 새로운 가능성을 마주치게 된다(유네스코, 2020).

유아들은 놀이하며 몰입하고, 그 몰입은 자신 스스로를 존중하고, 상대방을 같은 입장에서 존중할 수 있게 한다. 나아가 우리에게 필요한 것은 개인의 이야기에 귀 기울이며 맥락과 상황 속에서 서로를 배려하며 관계 맺는 돌봄의 윤리이다(유네스코, 2020).

연구자의 놀이기록 3

아이들의 놀이를 연결하는 교사

내가 처음 5세반에 들어갔을 때, 나의 시선을 빼앗은 것은 바닥에 펼쳐진 숲이었다. 마치 디오라마를 연상시키는 숲속 세상. 교사와 함께 둘러앉은 아이들은 무엇인가를 만들고 있기도, 옆 친구와 대화를 나누고 있기도 하였다.

그곳에서 유아들은 어떤 놀이를 하고 있을까? 라는 호기심으로 카메라를 들고 그곳으로 향했다. 하지만 나에게 더 인상 깊게 다가온 것은 교사의 상호작용이었다.

교사 : 물을 어디다 만들고 싶어? 여기? 여기는 북극 아니었어? 하마가 살 수 있는 자연에 동물들도 물을 마셔야 하잖아.
여아 1 : 종이에다 색칠해서 이런 거 (북극의 물을 가리키며) 만들어 줄 거예요.
교사 : 아 여기에다가 크게. 그럼 파란 색깔 종이를.
여아 1 : 종이를 파란색으로 색칠하면 되겠다.
교사와 여아 1은 종이를 같이 색칠하기 시작한다.

(다른 남아가 옴)
교사 : 하마가 살 수 있는 물을 만들어 준대.
남아 1 : 어 그럼 하마 여기 있는데 어디 있지.
교사 : ○○이가 가져갔어. 아 그러네 여기도 있네. 동물 모형에 큰 하마도 있어.
남아 2 : 아 그럼 엄마하마 아기하마!
교사 : 엄마하마 아기하마? 그래!
남아 2 : 선생님 하마가 없어요.

교사 : 그래? 그럼 옆반에서 빌리자.

남아 2 : 선생님 이것 봐 봐요. 강물이 여기에서 줄줄줄.
교사 : 강물이 그렇게 흘러서 어디까지 가는 건데?
남아 2 : (교실에 만들어진 북극을 가리키며) 여기까지.
그렇게 또 길이 만들어져. 그러면 ○○가 만들어 줘.
남아 1 : 얘들아 이거 조심해 줘.
교사 : 여기에다 ○○가 동물 사는 걸 만들어 준대. 조심해 줘. (남아 1에게) 같이 색칠해 줘? 괜찮아?

처음 하마가 마실 물을 만들어 주겠다고 한 여아 1이 물을 완성해서 가져온다.
교사 : ○○야 □□가 이렇게 물길을 만들어 준대.
여아 1은 물길을 이으려고 한다. 그러자 교사는 ○○가 만든 거니까 한번 물어봐 라고 제안하고, 여아 1과 남아 2는 같이 물길을 만들기 시작한다.

협력공동체 모임에서 교사는 유아들 스스로 놀이를 해 나갈 수 있도록 질문하고, 대화하고 있다고 하였다. 그 맥락 안에서 북극과 숲이 구성되어 놀이하고 있다고 하였다. 교실 안에서 아이들은 저마다의 자리에서 분주하게 놀이하고 있었다. 그 분주함 속에서 교사는 차분히 자리를 지키며 유아들 간의 놀이와 놀이를 연결시켜 주셨다.

하마가 먹을 물을 만드는 유아와 거기서 놀이할 하마를 찾는 유아. 두 유아에게 어떤 재료가 필요한지, 선생님의 도움이 필요한지를 물으며 놀이를 이어가게 하는 교사의 지원. 서로 공유하지 않고 각자의 물길을 만들었지만 교사는 두 생각을 이어 하나의 물길이 만들어지게 하기도 하였다. 단편적인 예시였지만, 교실의 놀이는 내내 그렇게 흘러갔다.

ESD를 위한 교사의 역할 중 하나는 놀이를 지원하는 교사이다. 영유아는 놀이하며 그 자체로 지속가능한 삶의 역량을 함양하기 때문이다. 그렇다면 놀이를 지원하는 교사의 역할을 무엇일까? 많은 역할이 있겠지만, 그중 중요한 것은 영유아 간의 놀이-놀이, 생각-생각을 연결시켜 주는 교사의 상호작용이다. 이를 통해 영유아는 서로 연결되어 있음을 느끼며 나아가 서로 간의 마주침으로 새로운 의미를 생성하는 경험을 하게 된다. 놀이하며 상호연결성과 의존성을 경험하게 되는 것이다. 즉, 교사가 유아-유아 간의 징검다리가 되어 주는 것으로 영유아의 놀이는 지속가능한 삶의 실행 자체가 된다.

5차(협력공동체 협의)

교사들 스스로 인상 깊었던 놀이에 대한 나눔과 연구자의 기록을 읽은 후 자신의 성찰에 대한 이야기를 나누었다. 교사들의 그 이야기를 함께 들여다보자.

교사 1의 이야기

#바다놀이 #깨끗한_바다 #더러운_바다 #병원 놀이

저희 반은 바다를 주제로 놀이하고 있어요. 저희 반에 바다 동물이 깨끗한 바다에서 사는 동물들이 있었고 쓰레기가 많은 바다에서 사는 동물 피규어가 있었어요. 깨끗한 바다에 사는 동물은 온전한 모양의 피규어였고 쓰레기가 많은 바다에 사는 동물들은 좀 쓰레기를 막 몸에 감고 있거나 아니면 어디가 다치거나 이런 피규어를 가지고 있었어요. 그래서 아이들이 어떻게 놀이하는지 살펴봤었는데 동물 치료소를 만들더라고요. 아이들이 바다는 그냥 가서 놀이하는 곳이고 너무 즐거운 곳이고 재밌는 곳이야 이런 식으로 표현을 되게 많이 했었는데 바다의 피규어 놀이하면서 바다 동물들이 쓰레기가 많으면 이렇게 아플 수도 있구나 진짜 아프겠다라고 이렇게 이야기하는 장면들을 보여서 인상 깊었어요.

교사 2의 이야기

#솔방울 #자연물 #열린_매체로_놀이하는 유아

저희는 최근에 열린 매체로 솔방울을 공원에서 수집해 왔었어요. 유아들에게 수집해 온 솔방울로 무엇을 하고 싶냐고 물었더니 동물을 꾸미고 싶다고 하더라고요. 처음에는 그 놀이를 하면서 오히려 더 많은 미술재료를 사용하는 것이 아닐까 걱정이 되었어요. 그래서 미술 재료를 한 4가지 정도를 내주고서 유아들과 활동을 했었어요. 그 후에도 놀이터에서 솔방울을 보면 유아들이 주워왔어요. 주워온 솔방울로 유아들은 역할 놀이에서 카페 놀이를 할 때 음료를 만들며 놀이했어요. 그리고 교실에서도 빨간 솔방울을 만들겠다 하면서 주워 온 방울토마토를 끼워가지고 솔방울에 색을 입혀보는 놀이를 했어요.

거창하고 유아들의 흥미를 확 끌 수 있는 재료가 아니어도 유아들은 유능하게 잘 놀이하는구나라는 생각이 들었어요. …… 지금은 주워온 자연물로 교실에서 나뭇가지 사이에 나뭇잎을 꽂아서 만들며 놀이하는 모습을 보이고 있어요. 처음 ESD를 시작할 때, 유아들이 무엇인가를 선택할 때 환경을 고려하는 유아들이 되었으면 좋겠다고 생각했었는데 이런 일상적인 재료들 자연물들이 교실로 들어와서 놀이하는 모습을 보니까 이렇게도 놀 수 있구나라는 생각이 들더라고요.

교사 3의 이야기

#열린_매체 #휴지심_탑쌓기 #협동 #놀이를_통한_배움에_대한_깨달음

이제 열린 매체로 유아들과 같이 활동을 해보려고 제가 휴지심을 제공해 줬어요. 유아들에게 휴지심으로 어떤 놀이를 할 수 있을까? 하고 물어봤는데, 성과 탑을 만들고 싶다고 이야기하더라고요. 성과 탑을 휴지심으로 쌓으면 견고하지 않으니까 두꺼운 종이를 같이 제공해 줬어요. 그리고 유아들이 탑을 어떻게 쌓아가는지 관찰하기 시작했어요.

유아들이 처음에는 혼자서 자신의 탑을 쌓기 시작하다가, 높이 탑을 쌓으려면 친구들과 합쳐서 탑을 쌓아야 될 것 같다고 하면서 서로의 탑을 합치기 시작하더라고요. 그런데 많은 유아들이 같이 탑을 쌓다 보니까 서로 손이 많이 겹쳐져서 탑이 쉽게 무너졌어요.

무너지기를 반복하다가 한 유아가 "얘들아 우리 탑이 무너지니까 탑 가운데에도 휴지심을 넣어보면 어때?"라고 이야기하였고, 점차 견고하게 쌓아가는 과정을 터득했어요. 제가 따로 말해주지 않아도.

그래서 그때 깨달았던 것 같아요. 확실히 아이들이 놀이를 해보면서 이렇게 배움이 일어날 수가 있구나 그리고 혼자서 쌓다가 친구와 함께 쌓았을 때의 재미를 이렇게 느끼고 또 뿌듯함도 느낄 수 있겠구나 하고 느꼈던 것 같아요.

선배교사의 더하기

#놀이공간의_확장 #놀이의_다양성

탑 쌓기 하는 것을 저도 보았는데, 선생님이 복도에서 유아들이 놀이할 수 있도록 지원해 주셨거든요. 근데 유아들이 정말 오랜 시간 기쁘게 집중해서 놀이하더라고요.

제가 느낀 것은 놀이 공간이 진짜 많이 넓어졌다는 것이에요. 교실에서 놀이를 시작했는데 복도로 확장되었다가, 놀이터로 넘어갔다 이제는 공원 쪽으로 확장되고. 선생님들도 하시는 말씀이 공간이 확장되었는데 놀이가 너무너무 다양해졌다, 오늘 너무 재미있었다 이런 이야기를 많이 했어요.

교사 4의 이야기

#새로운_시선 #모래놀이 #콩벌레 #환경과_함께_변해가는_놀이

놀이 영상 촬영하러 오셨을 때, 다양한 장면을 찍어 가셨어요. 놀이만 보았을 때 ESD와 관련된 놀이 장면이 아닌 것 같았는데, 기록 내용을 읽고 난 후 이런 시선이 필요하구나 라는 것을 느낀 것 같아요.

유아들이 실외에 나가서 자연물을 주워오는 것 자체에는 흥미를 느낄 수 있겠지만, 지속성은 별로 없어서 '유아들과 자연물로 놀이를 할 수 있을까'라는 걱정이 앞섰거든요. 그런데 예상과 달리 놀이가 펼쳐지는 것을 보고 놀랐어요. 저희 반 유아들이 모래 놀이를 너무너무 좋아해요. 어느 날 색종이를 가지고 모래놀이에 나가고 싶다고 해서 가지고 나갔는데, 색종이 위에다가 모래를 평편하게 깔더라고요.

거기 위에다 그림을 그리기 시작하고, 물 묻은 손으로 그림을 그리니까 좀 더 진한 그림이 그려지고 색 색종이가 너무 작다고 말해서 신문지를 가지고 와서 그 위에 그림을 그렸어요. 한 유아가 이렇게 하니까 종이에다가 그리면 그냥 버려지는데 모래로 그림을 그리니 종이를 아낄 수 있는 것 같아요 하더라고요.

……

요즘 이제 토마토가 많이 열리다 보니까 안 익은 토마토들이 막 바닥에 떨어져 있는 거예요. 유아들이 이 토마토는 이렇게 떨어져서 이제 더 이상 물도 못 보고 햇빛도 못 보고 라고 이야기하더라고요. 그러다 아이들이 "우리 이걸로 놀이를 해요"라고 해서 떨어진 토마토를 놀이터에 있는 콩벌레 밥으로 주면서 놀이했어요.

유아들의 관심이 확확 변하고 정말 교사가 생각지도 못했던 놀이흐름으로 진행되어요. 그 모습을 관찰하면서 저는 '아이들의 놀이를 이렇게 지원해 주면 좋겠다'라는 생각과 유아들의 놀이와 그 특성에 대해 배울 수 있었던 기회가 되었어요.

교사 5의 이야기

#흥미_있는_놀이_참여 #몰입
#놀이하며_인식하고_실천하는_유아

환경이라는 주제에 대해 관심이 없던 유아들도 자기가 좋아하는 동물 얘기가 나오니까 점점 놀이에 놀이에 몰입하는 모습을 볼 수 있었어요. 유아들의 그런 모습을 보면서 이런 것이 놀이에 몰입하는 과정이구나 하는 생각이 들었어요. 그리고 유아들이 동물을 만들기 위해 다양한 재료를 필요로 했는데, 종이를 사용할 때는 특히 "종이도 아껴야지" 이런 말을 자연스럽게 하더라고요. 이런 모습들을 보면서 유아들이 자연스럽게 인식하고 또 실천하는 것이 인상 깊었어요.

교사 6의 이야기

새로운_주제의_놀이 #하지만_계속_이어지는_놀이
#도전!_반찬

'우리 동네'라는 새로운 주제로 놀이가 시작되고 저희는 열린 매체로 재활용을 제공했어요. 새로운 주제가 우리 동네였는데 유아들이 기관을 구성했는데 나뭇가지로 실제 나무처럼 만드는 친구들도 있었고 이 만든 기관들을 이용해서 바닥에 전시해 줬더니 우리 동네 지도 만들기까지 확장이 되었거든요.

저희 반 놀이는 처음에는 숲으로 시작해서 숲구성으로 놀이가 이어지다가, 주제가 바뀌면서 우리 동네 환경까지 확장되었어요. 우리 동네 지킴이 역할 놀이를 하고 있는 유아들도 있는데 공원에 쓰레기가 많았다고 이야기하면서, 그럼 우리가 산책길을 청소해 주자라고 하며 역할 놀이를 하고 있어요.

사실 주제가 바뀌면서 저는 숲놀이에 유아들이 숲놀이에 더 이상 관심을 보이지 않을 것 같아서 조금 걱정이 되었는데 놀이가 계속 이어져서 신기했어요.

또 오늘 도전 반찬을 찍으면서 유아들이 도전 반찬 모두 성공을 한 것 같다고 하고 성취감을 느끼는 모습을 볼 수 있었는데 아이들이 7월, 8월, 9월에도 계속 하고 싶다고 이야기를 하더라고요. 그래서 한 달 하고 끝나는 게 아니라 계속 이어서 진행될 것 같아요.

연구원의 더하기

처음 선생님들이 ESG, ESD를 운영하면서 낯선 마음이 있었는데 협의를 지속하고 영유아들의 놀이를 관찰하고 지원하면서 선생님들의 마음이 많이 편안해진 것이 느껴져요.

사실 ESD를 운영한다는 것이 놀이지원과 별다른 게 없기는 하잖아요. 그런데 동일한 놀이와 지원임에도 불구하고 우리가 지속가능발전이라는 교육의 렌즈를 가지고 의미를 더하고, 연구원이 다른 시선으로 그 놀이에 시선을 확장시켜 주고.

결국 아이들만의 역량을 키우는 게 아니라 이 과정을 통해서 선생님들이 스스로 또 함께 성찰하고, 공유하고 비판 의식을 가지고, 이런 모든 과정들이 이 공동체의 배움이 아니었을까 라는 생각이 들었습니다. 변해가는 선생님들과 새로운 시선으로 함께 만들어 가기 위해 노력하는 연구원의 모습을 지켜보면서 흐뭇함을 느꼈습니다.

ESD 프로그램 운영 Q&A

• 기존에 진행되고 있는 놀이는 어떻게 할까요?

기존의 놀이는 계속하여 진행합니다. 그 놀이들 틈 사이로 ESD 프로그램이 함께 포함되는 것이지요. 먼저는 교실에서 우리가 지속가능한 삶을 살아가기 위한 삶의 습관을 영유아들에게 소개하는 것이라고 생각해 주세요. 그리고 영유아가 가장 잘 이해하고 배울 수 있는 방식인 놀이로 함께 그 삶을 실천해 가는 것입니다!
지속가능한 삶의 실천이 현재 영유아들의 놀이에 녹아 드는 것이 가장 필요합니다. 이를 위해 환경 공간, 영역을 함께 만드는 것이기도 합니다.

• 대소집단으로 진행해도 되나요?

대소집단은 유아에게 하지 않아야 하는 것이 아닙니다. 특히 유아들이 서로의 생각을 더해가고 공유해 나가기 위한 방법으로 대소집단 모임은 가능해요!
다만 우리가 지양해야 하는 것은, 대소집단 모임을 통해 ESD의 내용을 전달하기 위한 집단 수업방식입니다.

• 교실환경은 똑같이 구성해야 하나요?

소개하고 있는 교실환경 내용은 놀이를 돕기 위한 예시입니다. 똑같이 할 필요 없습니다. 현장의 선생님들은 더욱 톡톡 튀는 많은 아이디어들을 가지고 있을 것이라고 생각해요. 그 아이디어들이 더해질 때 선생님들만의 ESD가 가능해집니다.

• 놀이흐름을 꼭 따라야 하나요?

놀이흐름 역시 예상되는 흐름일 뿐 정해진 계획안이 아닙니다. 영유아들의 흥미, 교실에서 진행되고 있는 놀이, 교실의 환경, 문화 등에 따라 놀이는 다양해지고, 변화되어야 합니다. 다만, 교사는 영유아들의 놀이를 이해하고 지원하기 위해서 현재 진행되고 있는 놀이를 관찰하고 이를 바탕으로 성찰하여 이해하고 지원하는 것이 필요합니다.

• 놀이기록은 어떻게 해야 하나요?

놀이기록의 방식은 다양합니다. 그리고 선생님들 개개인이 가장 편안한 기록의 방법도 다양합니다. 자신에게 가장 익숙하고 편안한 방법으로 기록할 수 있지만, 때로는 영유아의 놀이를 가장 잘 표현해 낼 수 있는 방식으로 다양하게 기록해 보세요. 놀이기록은 교사가 놀이 확장을 위한 지원하기에 앞서 영유아 개개인의 놀이를 이해하는 것에 그 목적이 있음을 기억하세요.

• 놀이기간은 꼭 지켜야 하나요?

놀이기간은 예상되는 놀이흐름에 따라 영유아들이 놀이에 관심을 갖고 충분히 탐색하고 놀이할 수 있는 기간을 정해 놓은 것이에요. 또한 놀이흐름에 따라 한 주씩 놀이를 진행해야 하는 것도 아닙니다. 영유아들의 흥미와 놀이확장에 따라 각각의 계획된 놀이들도 달라질 수 있습니다.

- **성찰기록은 반드시 해야 하나요?**

ESD를 위해 교사는 당연한 것들에 대해 의구심을 갖고 다시 들여다보며 새로운 것을 생성해 나가야 합니다. 이를 위해서는 지금까지의 삶의 방식에 질문을 던지며, 내가 가진 시선을 이해해야 합니다. 그래야 새로운 것을 생성해 나갈 수도 있는 것이지요. 각 프로그램의 교사 성찰은 이를 위한 지원입니다. 교사 역시 성찰을 통해 지속가능한 삶을 살아내게 되며 지속가능한 삶을 살아가는 교사로서의 교육이 가능합니다.

- **첫 번째 놀이, 환경공간 구성은 어떤 공간을 의미하는 건가요? 재활용품 등으로 만들어진 공간, 혹은 재활용을 위한 공간인가요?**

환경공간이라는 말이 낯설 수 있습니다. 환경공간은, 앞으로 우리 ESD를 위한 놀이들이 자연스럽게 이루어지는 공간입니다.

첫 공간 구성을 위한 tip!

- 기존 교육기관에 환경에 관련한 공간들이 구성되어 있다면 유아들과 함께 그 공간을 둘러보세요. 그리고 우리 교실에 이런 공간을 만든다면 어떻게 만들면 좋을지 유아와 함께 협의해 보세요.
- 유아들과 '환경' '자연보호', '지구' 등에 대한 이야기를 나누어 보세요. 그리고 유아들이 가지고 있는 이미지를 공간으로 구성하는 것도 좋은 방법입니다(예 나무, 꽃, 물 등이라고 한다면 그 이미지와 색을 반영한 공간을 구성합니다).
- ESD를 시작하기 위해 필요한 것들을 위한 공간으로 만들어 보세요. 예를 들어, '지금 하고 있는 것-멈춰야 하는 것-해야 할 것'을 위해 필요한 놀이 재료, 캠페인을 준비하기 위해 필요한 놀이 재료들을 위한 공간으로 구성해 보세요.
- 우리가 자연과 함께 살아가는 존재라는 시선으로 생각해 보면, 유아들이 자연과 함께 교감하도록 교실 공간으로 유아들이 자연에서 좋아하는 재료들로 공간을 구성할 수도 있어요.

- **영아반 대상의 ESD 놀이는 어떻게 지원해야 하나요?**

- 영아가 ESD 대상에서 제외되는 건 아닙니다. 이 책에서 놀이 사례로 제시한 내용은 유아반의 경우이지만, 영아반에 맞게 적절히 교육과정을 어떻게 구성하면 좋을지를 동료와 함께 협의해 보세요.
- 다만, 영아는 개별적인 욕구나 발달 특성이 고려되어야 합니다. 이를 염두에 두며 열린 매체와 환경 구성으로 영감을 줄 수 있고, 교사의 확고한 인식으로 교실과 놀이를 운영해 나갈 수 있어요.

- **협력공동체에 원장은 참여하는 게 좋을까요?**

- ESD에서 협력공동체 구성원은 영유아, 원장, 지역사회 인사(연구원, 센터직원 등)도 모두 가능합니다.
- 동일한 상황이라도 현상을 바라보는 시선에 따라 차이가 발생합니다. 정답이 없는 ESD는 자기 이해를 넘어서 공동의 문제로 인식하고 함께 협의하는 과정을 통해 보다 나은 결정과 선택을 할 가능성을 열게 됩니다.
- 한 사람도 소외되지 않고, 한 명의 작은 욕구에도 귀 기울이며 지속가능한 사회를 위해 협력공동체는 누구나 될 수 있고, 제한되는 점은 없는지 항상 살피는 노력이 있어야 해요.

- **성찰기록은 정해진 양식으로만 작성해야 하나요?**

- 성찰기록의 양식은 무궁무진합니다. 영유아들 놀이 관찰 방법과 양식이 다양하듯이 성찰기록도 마찬가지입니다. 예를 들어, 나의 생각을 해시태그로 표현하기, 그림이나 시, 글귀에 영감 받아 작성하기 등 여러 가지 방식으로 가능합니다.
- 중요한 건 교사가 성찰하는 시간을 마련해서 나의 실천을 되짚어 보고 자신의 시선을 인식해 보는 것입니다.

- **동료와 함께하는 성찰 시간은 어떻게 해야 하나요?**

- 동료와 함께하는 성찰 시간은 직접 만나서 하거나 온라인으로도 진행 가능합니다. ESD를 실천하기 위한 모임은 유연한 운영이 요구됩니다. 이 시간은 정해진 틀이나 방식을 해체하고 현 상태의 안전이나 사고, 행동 또는 생활의 "일반적인" 방식을 벗어나는 것을 선택하는 것과 같습니다(유네스코, 2021). 선생님들 각자가 준비한 성찰일지를 함께 읽어본 후 그 자리에서 대화하고 생각한 것들은 한 줄 문장이나 해시태그 등으로도 참여하며 공동의 의미를 생성해 나갈 수 있습니다.

- **ESD에서 부모에게 제공하는 카드뉴스는 바꾸거나 내용을 다르게 해도 될까요?**

- 이 책에서 제시한 카드뉴스는 SNS상에서 사용하기에 유용합니다. 학부모와 원활한 교류와 소통을 위한다면 다양하게 변형해도 좋습니다. 왜냐하면 ESD의 의미와 가치의 핵심적인 내용 부분을 요약한 자료 중 하나이기 때문이에요. 각자의 상황과 기관의 소통 방식을 고려하여 내용을 변경하거나 추가로 반영해 볼 수 있습니다.

- **ESD 연간계획안에 교사와 영유아의 역량이 같아도 되나요?**

- ESD 연간계획안은 하나의 예시입니다. 교사와 영유아는 놀이하며 다양한 이슈들과 주제들을 경험합니다. 이러한 경험에 참여하는 주체들이 더 다양한 삶의 역량을 배우고 성장할 수 있는 존재로 서로를 배려하고 인정해야 합니다.
- 교사와 영유아에게 기대하는 삶의 역량은 놀이를 통해, 함께 생활하는 과정에서 충분히 얻을 수 있는 것들입니다. 교육기관의 상황과 영유아의 개별적 특성에 따라 역량은 달라질 수 있다는 것을 기억합니다.

[용어 정리]

- **지역사회 협력**
  - 지속가능발전을 위한 유의미한 변화는 우리가 속한 지역사회에서 일어날 가능성이 높습니다(유네스코, 2021). 지역사회의 인적 자원은 함께 실천하는 파트너가 됩니다.
  - 지역사회와 영유아 교육기관의 협력은 지속가능발전을 위한 최신 지식 및 실천과 적용을 보장하는 차원에서 의미가 있습니다.

- **협력공동체**
  - 유사한 뜻으로 사용되는 용어는 '배움 공동체', '학습공동체'가 있습니다.
  - ESD에서 추구하는 삶의 역량에는 '협력'이 있습니다. 각 주체들이 함께 모여 서로의 다름과 차이를 존중하며 만들어 가는 교육입니다. 이 책에서는 '협력'의 가치에 방점을 두었기 때문에 '협력공동체'라는 용어를 사용했습니다.

- **ESD 놀이**
  - ESD 놀이는 국가수준의 교육과정과 같이 어느 정도의 정해진 방법이나 내용이 없는 게 특징입니다.
  - 이 점이 자율성과 주도성을 주지만 잘 수행하기가 쉽지 않은 측면도 있습니다.
  - ESD 놀이 주제 선정은 우리 기관과 영유아의 특성을 적극적으로 반영하여 결정해야 합니다.
  - 쉽게는 책에 나오는 놀이 사례를 재구성하여 적용하는 방법도 있고, 완전히 새로운 내용으로 시도해도 무방합니다.

- **SDG 세부목표 4.7**
  - SDG 4.7은 교육의 목적과 질을 다루는 SDGs의 핵심 세부목표 중 하나입니다.
  - ESD에서 2030년까지 모든 학습자들이 지속가능발전 및 지속가능한 생활 방식, 인권, 성평등, 평화와 비폭력 문화 증진, 세계시민의식, 문화다양성 및 지속가능발전을 위한 문화의 기여 등에 대한 '교육'을 통해 필요한 지식 및 기술 습득을 도모합니다(유네스코, 2021 : 20).

부록

01 ESG 가치로 그린 ESD 교사교육 사례

1) 교사교육 소개

- 특강 제목 1. 가치 있는 성장, 행복한 다(多)가치 성장 : DREAM IN WE
- 특강 제목 2. ESG 보육과정 함께 만들어가기
- 교사교육 세부 내용은 영유아 교육기관과 사전 협의에 따라 재구성한 후에 진행합니다.

출처 : 더좋은보육채널 영유아교육기관 대상 2023년 교사교육 안내문 표지.

2) 교사교육 일정표

교사교육은 참여 인원, 참여도 등을 고려하여 최소 3시간에서 적정한 5시간으로 영유아 교육기관의 상황에 따라 유연하게 진행합니다.

[표 8] 더좋은보육채널 영유아 교육기관 교사교육 계획서

<table>
<tr><td>제목</td><td colspan="4">가치 있는 성장, 행복한 다(多)가치 성장 : DREAM IN WE
성장하는 우리, 전문가로서 그린 미래</td></tr>
<tr><td rowspan="2">준비
사항</td><td>참고
자료</td><td colspan="3">더좋은보육채널 강의 원고 : ESG 가치로 그린 영유아 교육기관 공동체 원고
유네스코 (2022). 함께 그려보는 우리의 미래 : 교육을 위한 새로운 사회계약. 국제교육위원회보고서.
이금자(2023). 교사와 함께 성장하는 교사교육 워크북. 부크크.</td></tr>
<tr><td>인터뷰
설문지</td><td colspan="3">원장님과 인터뷰 : 교육기관 조직문화, 구성원들의 상황 사전 공유로 의미 있는 교육 방향 정하기
사전 인식 조사 : 영유아 교육기관의 상황에 따라 적절히 수정 및 반영하기</td></tr>
<tr><td>차시</td><td>주제</td><td>목표</td><td>참여</td><td>준비물</td></tr>
<tr><td>1차시</td><td>DREAM IN WE 1차
교사, 무엇으로 사는가?</td><td>- 핵심가치 : 자기이해-자아정체성
- 여러 사례와 본질적인 물음과 실천적인 물음으로 자기이해, 자아정체성을 성찰하고 교직에 대한 이해를 새롭게 도전한다.</td><td rowspan="3">전체 교사</td><td rowspan="3">- 칠판
(전자칠판)
- 보드마커
- 포스트잇
- 필기구
- 강의 유인물</td></tr>
<tr><td>2차시</td><td>DREAM IN WE 2차
좋은 교사 되기 : 나와 우리의 성장 새롭게 발견하기</td><td>- 핵심가치 : 성찰(자아정체성)
- 지속가능한 사회에 요구되는 전문가로서의 교사로 성장할 이유와 가치들을 모색한다.</td></tr>
<tr><td>3차시</td><td>DREAM IN WE 3차
성장하는 우리,
전문가로서 그린 미래</td><td>- 핵심가치 : 전문가로서의 역량
- 전문가로서의 교사에 요구되는 삶의 역량을 이해하고 적용할 부분을 성찰해 보고 역할을 모색한다.</td></tr>
<tr><td>비고</td><td colspan="4">- 교사교육의 효과를 위해 교육자는 사전 준비에 협조 바랍니다.
- 교사 간 토의와 사고 공유가 원활하도록 강의 유인물을 사전에 배부합니다.
- 개별 이름 대신, '닉네임' 이름표를 준비합니다.</td></tr>
</table>

3) 교사교육 운영

■ 주제 : 성장하는 우리, 전문가로서 그린 미래

교사교육 특강 운영은 생각 열기, 생각 더하기, 성찰하기, 토의하기 순서로 진행합니다.

- 생각 열기 : 교사교육을 할 때, 먼저는 배움의 주체이자 가르침의 대상인 교사들의 생각을 이해하는 것이 교사교육의 시작입니다.

"지식은 결코 완성된 적이 없으므로, 교육자는 학생들을 초대하여 더욱 심화된 공동 지식창조에 참여하도록 해야 한다. 너무도 많은 형태의 교육에서, 지식전수는 장벽을 세우고 불평등을 재생산하는 것과 더 관련이 있었고, 인류 모두와, 집단적으로 공유하는 웰빙을 풍요롭게 하는 것과는 관련이 약했다. 지식에 대한 신중하고 사려 깊은 참여를 우선적으로 고려하는 교육은 인식론적, 인지적, 회복적 정의 구현에 도움이 될 것이다."

– 유네스코보고서(2022). 함께 그려보는 우리 교육의 미래, p. 73.

- 생각 더하기 : 교사들이 기존의 경험과 이해를 나름대로 해석하고, 교실의 실천을 연결하여 구체적인 생각을 해보는 단계입니다. ESD를 실천하는 교사에게는 어떤 역량이 필요할지를 살펴보고, 전문가로서 필요한 역량을 생각해 봅니다.

– 전문가 학습

전문가 학습(professional learning)은 실제로 업무를 수행하고 그것을 반성하는 가운데 일어나는 학습방법이다. 수영 선수, 테니스 선수 그리고 피아노 연주자들처럼, 교사는 직무에 단련되기 위해서 끊임없는 연습이 있어야 한다. 수많은 시행착오 속에서 자기만의 경험을 잘 녹여서 배워 나가는 교사는 좋은 수업에 이를 수 있다. 여러 고민과 아픔, 좌절 그리고 도전의 과정을 거쳐 전문가의 학습은 변화를 경험한다. 결국, 전문가 학습은 참여하려고 도전한 교사만이 경험할 수 있는 특권이다.

– 반성적 실행(reflective practice)

선(Schon, 1983)은 성찰적 실천을 강조하는 학자이다. "반성적 실행이라는 용어를 만들어 실행학습(learning-in-practice)을 이해하는 기초를 닦았다. 그에 의하면 "학습은 작업현장에서 일어나며, 사람들은 자신의 기술을 현장에서 쌓은 경험을 통해서 지식을 창조되고 발견되는 것"이라고 주장하였다(Liberman, A., Miller, L., 2015 : 52-53). 그리고 듀이(Dewy)의 반성적 사고, 아이즈너(Eisner)의 교육 비평 역시 공통적으로 '성찰'의 중요성을 강조하고 있다. 전문가(practitioner)는 나와 공동체의 행동을 관찰하고, 실행하는 내용을 비판적으로 해석하고, 앞으로 실행할 필요가 있는지를 '반성하는 위치'에 있어야 한다는 것이다.

– 실행 공동체 안에서 전문가 학습

좋은 학습은 미리 계획한 것에 영향을 받기보다, 사회적이고 집합적인 성격으로 실행 공동체 안에서 사회적인 참여를 통해 이루어진다(Liberman, A., Miller, L., 2015 : 54). 실행 공동체 학습의 중요한 점은 실행 공동체가 지향하는 정체성(identities)의 구성이다. 영유아 교육기관에서는 선배 교사와 신입 교사가 함께한 교실에서 혹은 공동체 안에서 연구모임, 협의 시간 등을 통해 무엇을, 어떻게, 언제, 부딪히고, 협력하는지 등을 배울 수 있다. 어떤 집단이든 그 공동체 안에서 소속되어 인정받고 공헌하려는 욕구가 있다. 특히 공동체 안에서 학습은 혼자가 아닌 동료 교사와 함께 학습의 효과뿐 아니라, 나의 내면을 나눌 때 동료로 인해 지친 마음의 위로를 얻으며 자기 길을 찾아갈 수 있게 된다.

- 성찰하기 : 함께 글을 읽고 성찰하는 시간은 교사의 전문성을 기르는 데 중요합니다. 영유아 교육기관에서는 학습공동체를 안에서 여러 교사들이 실천하고 있는 놀이나 일에 대한 서로의 경험과 지식을 공유하고 함께 반성할 수 있어야 합니다. 이때 교사들은 자연스럽게 협력하고, 철학적으로 생각하고 토의하기를 통해 협력, 비판적 사고 등의 전문성 역량을 기를 수 있습니다.

지속가능한 사회는 현재를 살아가는 "사람들의 욕구를 만족시키기 위해 미래 세대의 역량을 훼손하지 않고 현재의 욕구를 잘 대응하는 사회라 한다"(요르겐 랜더스 외, 2012 : 77). 150년 전에 존 스튜어트 밀은 인류의 모든 지혜와 역량을 기술과 기업의 혁신과 더불어 지속가능한 사회를 위해서는 공동체의 사회, 정치, 예술, 영적인 창조성이 필요하다고 했습니다. 이 같은 주장은 과거에 당연하게 여겼던 사회적인 규범과 법, 경제의 원리와 원칙들에 대한 '도전'입니다.

환경 생태학자들이 오존층을 보호하기 위해 자유를 규제하고, 국제적인 협약으로 국가와 기업을 통제하는 듯 보여도 다른 한편으로는 지속가능한 미래를 위한 당연한 윤리적인 태도이자 행동으로 볼 수 있습니다. 자유와 통제. 양날의 검으로 보이는 이 같은 사유를 영유아교육 분야에서도 연결해 볼 수 있습니다. '정상화에 대한 의심'은 우리에겐 익숙한 말일까요? 한 시대에 정론이자 진리인 듯 가르쳐 왔던 정설들은 새로운 이론에 도전을 받아왔습니다. 학문은 그야말로 진화해 왔습니다. 이에 비해 우리가 속한 영유아 교육기관은 어떤 모습인가요? 과연 우리는 어떤 성장을 이루고 있는지 시간을 내서 함께 생각해 봅시다.

지구환경의 위기와 미래에 관한 담론을 다룬 「성장의 한계(The Limits to Growth)」를 읽은 적이 있습니다. 이 책에서 의미하는 성장과 교사로서 상상하는 성장은 다릅니다. 영유아 교육기관과 연결해서 바라보면 내가 속한 기관은 우리에게 어떤 성장을 기대하는지, 함께하는 성장은 무엇을 의미하는지 지금까지 한 번도 공동체에 소속한 교사들의 목소리를 들어본 적이 없었습니다. 그래서 지금, 우리가 할 수 있는 것은 나와 동료의 목소리를 듣는 것부터라는 결론에 도달했습니다.

유네스코 보고서 '함께 그리는 미래(2022)'는 교육의 주체인 교사들의 생각을 현재 일어나는 이슈들과 연결 짓고 있습니다(유네스코한국위원회, 2022). 교사들은 현장에서 기존의 교육에서 무엇을 더할 것인지, 무엇을 제외할 것인지를 살피며 보다 나은 선택과 방향을 위해 교육과정을 재정향해야 합니다. 공동체 구성원들은 서로가 궁금해하는 물음을 들어주고, 이 과정에서 생성되는 질문에 대해 서로의 생각을 나누며 다음의 실천 방향을 세워 볼 수 있습니다. ESD를 위해 교사들 간에 사유하는 시간은 교육의 주체로서 더 좋은 실천이 되도록 긍정적인 영향을 줄 수 있습니다.

불확실한 미래사회에서 교사는 개인보다, 상호 의존적인 존재라는 사실을 기억해야 합니다. 기후 위기와 깊이 연결된 전쟁, 가난과 질병, 재난 등의 인류 문제는 '소유'를 넘어서서 '공유'의 가치가 중요해졌기 때문입니다. 불확실한 미래사회에서 교사에게 요구되는 '공유의 가치'는 무엇이 있을까요?

영유아 교육현장의 수많은 일에 치우쳐 깊이 사유할 여유가 없다면, 이제 우리는 서로를 위해, 더 나은 미래교육을 위해 교사교육, 연수, 회의 등으로 '함께하는 시간'을 만들어야 합니다. 그리고 함께하는 공동체에서 '함께하는 성장'은 무엇인지, 생성되는 물음에 진정성을 갖고 우리 나름대로의 의미를 만들어 보는 노력이 필요합니다.

토의하기

- 우리 기관이 성장하려면 어떤 점들을 고려해야 할까요?
- 함께 성장하는 영유아 교육기관은 어떤 모습이라 생각하나요?
- 영유아 교육기관에서 우리가 함께 성장할 수 있는 일에는 무엇이 있을까요?
- 전문가로서 성장하는 교사에게 필요한 역량은 무엇인가요?
- 전문가인 내가 앞으로 계발해야 할 역량은 무엇이라 생각하나요?
- 이렇게 대답한 이유를 생각해 보고, 동료와 이야기를 나누어 봅니다.

■ 성찰일지 : 주제에 대해 함께 고민하고 나누는 기록

다음은 [함께하는 성찰일지]입니다. 성찰하고 토의한 내용을 작성해 보고, 동료와 함께 이야기 나누어 봅니다.

함께하는 성찰일지	
주제	
이해와 발견	주제와 관련하여 나의 이해 나의 현재 가치관, 신념, 역량과 연결지어 바라보기
깨달은 점	동료와 대화하면서 깨달은 점 나의 동료의 차이 다시 돌아보기
나아갈 방향과 계획	

02 가정연계 카드뉴스

1) ESG, ESD에 대해 들어 보셨나요?

- 본 카드뉴스는 유네스코보고서(2022) [함께 그려보는 우리의 미래]를 중심으로 구성하였습니다.

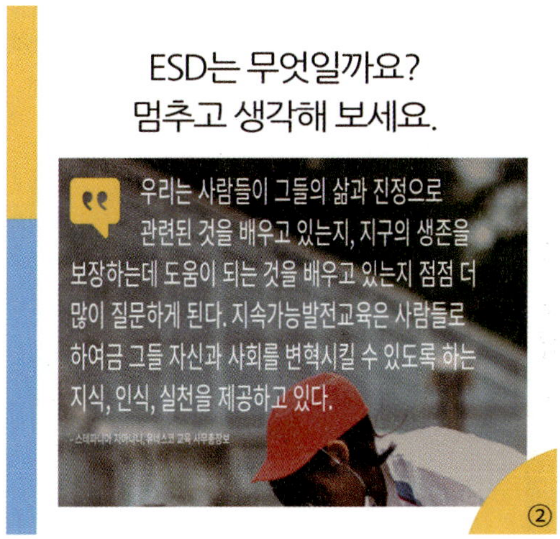

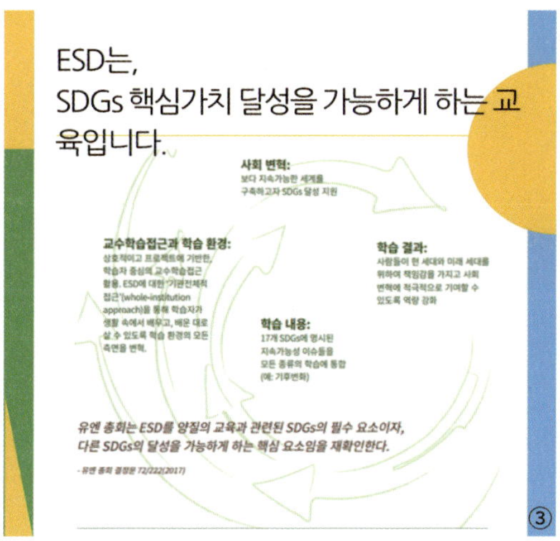

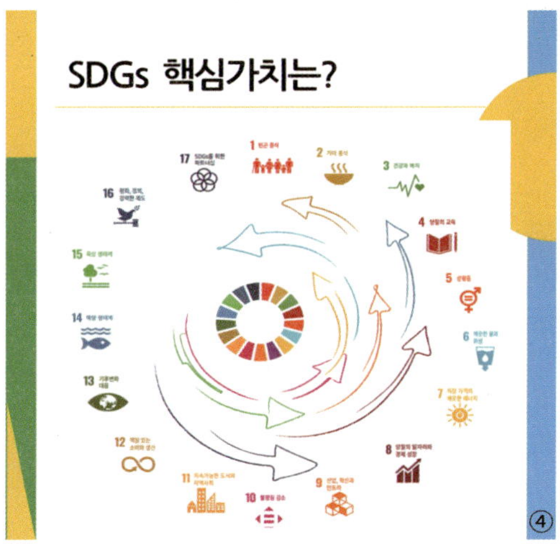

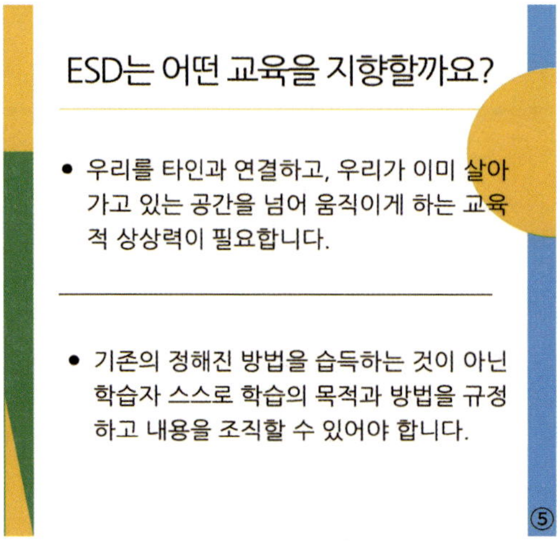

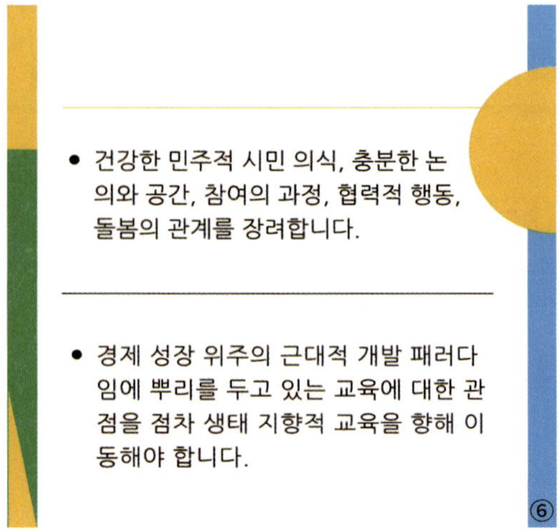

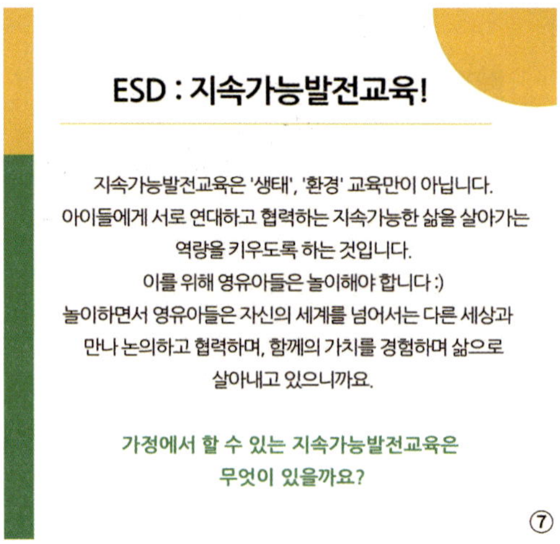

카드뉴스 이미지 출처 : 블로그 '더좋은보육채널 https://blog.naver.com/jayai76 1)-5)

2) 다시 생각하는 '환경교육'

- 본 카드뉴스는 유네스코보고서(2022) [함께 그려보는 우리의 미래]를 중심으로 구성하였습니다.

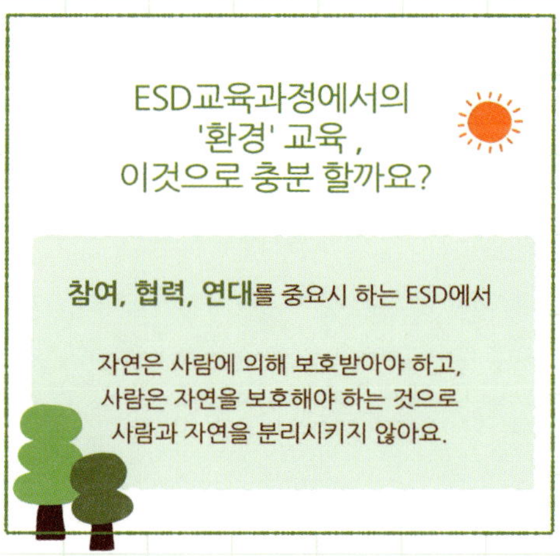

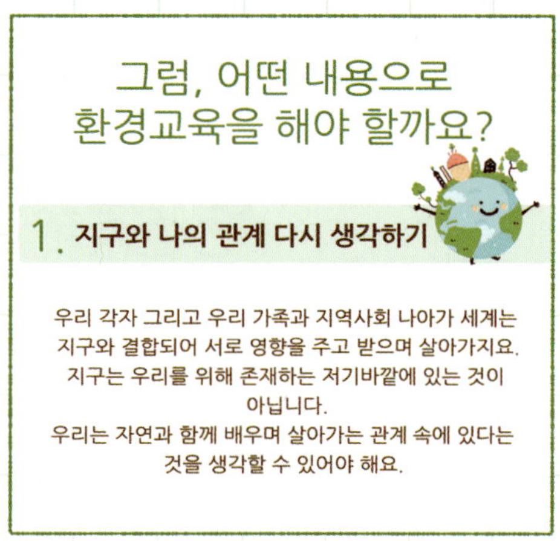

2. 기후변화가 미치는 영향 거시적으로 생각하기

기후변화는 단지 우리의 삶에 피해를 주는 것 이상이에요. 어린이들은 경제 발전으로 인해 피해를 받는 사람들이 대부분은 부유한 국가가 아닌 빈곤국가, 소외된 계층 이라는 것을 인식할 필요가 있어요.
소외된 계층에는 빈곤층, 여성, 빈곤국가 소녀들이 있지요. 환경교육은 다른 사람에 대해 공감 하는 것에서부터 시작하여, 좀 더 거시적인 안목을 기를 수 있는 내용을 포함 시켜요.

3. 일상의 다양한 영역에서 환경에 대해 생각하기

환경교육은 하나의 행사가 아니에요. 우리는 어린이들의 다양한 놀이를 환경의 이슈와 연결 지을 수 있어야 해요. 이를 통해 어린이는 인간으로 인해 손상된 지구를 존중하며 책임감 있게 살아가는 기술을 배울 수 있어요.

환경교육을 통해 어린이는 이미 진행 된 대규모 생물다양성 손실, 전체 생태계의 파괴, 기후변화를 초래한 인간의 오만함에 대해 생각해 보며 자연과 관계맺으며 함께 살아가는 인간으로서 삶의 역량을 키워날 수 있어야 해요!

+ ESD 운영은 일방적인 전달이나 활동이 아닌 지속가능교육의 가치를 담을 수 있는 놀이를 중심으로 어린이들 스스로 지구와 세계를 위한 올바른 선택을 할 수 있는 기회를 제공할 수 있어야해요.

함께 그려보는 우리의 미래, 유네스코2020 보고서를 바탕으로 작성하였어요.

3) ESD : 지속가능발전교육, 사회적 요소

- 본 카드뉴스는 유네스코보고서(2022) [함께 그려보는 우리의 미래]와 존 시라지-블래치포드 외(2012)의 [유아를 위한 지속가능발전교육](박은혜, 신은수 공역, 서울 : 이화여자대학교출판부)을 참고하여 구성하였습니다.

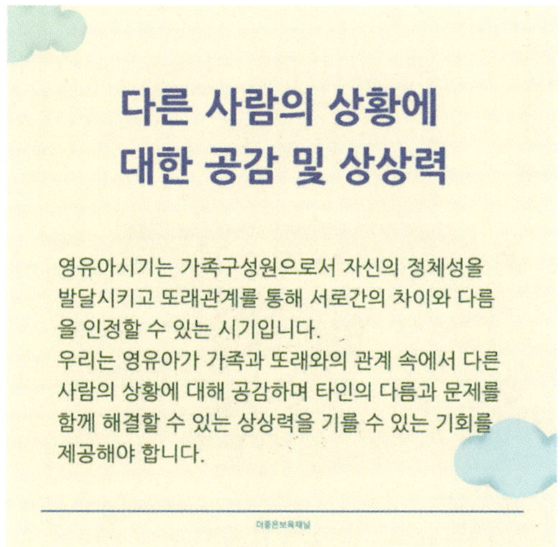

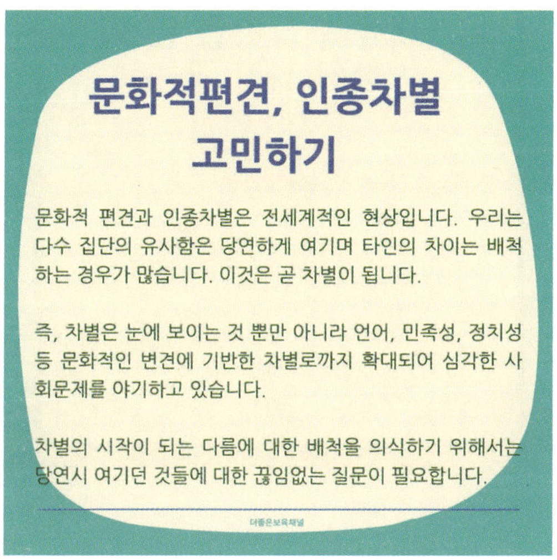

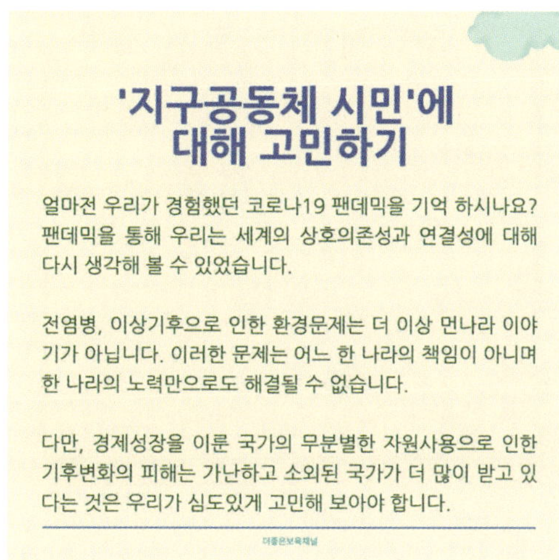

4) ESD : 지속가능발전교육의 목적

- 본 카드뉴스는 유네스코보고서(2022) [함께 그려보는 우리의 미래]를 중심으로 구성하였습니다.

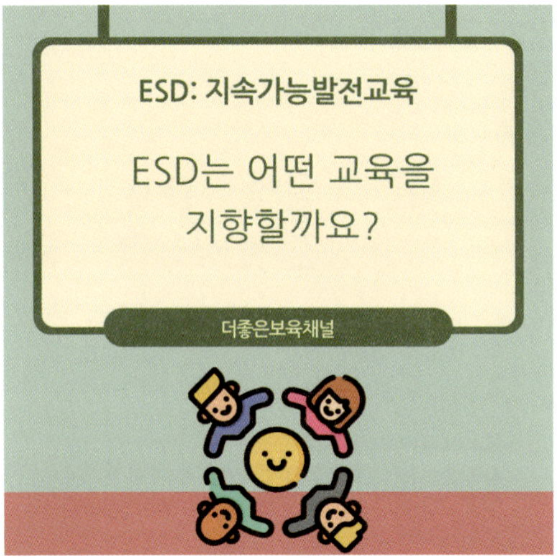

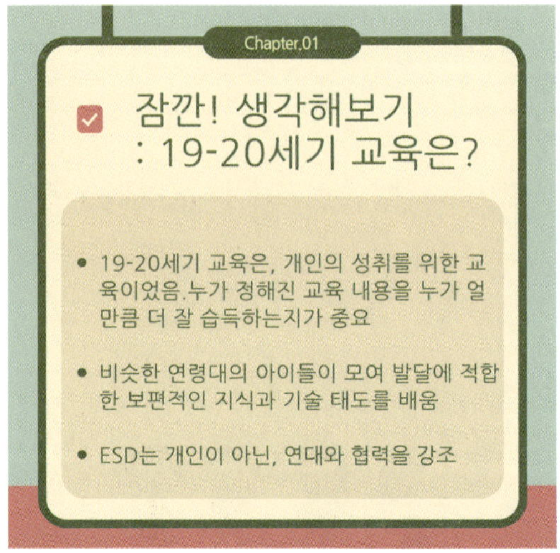

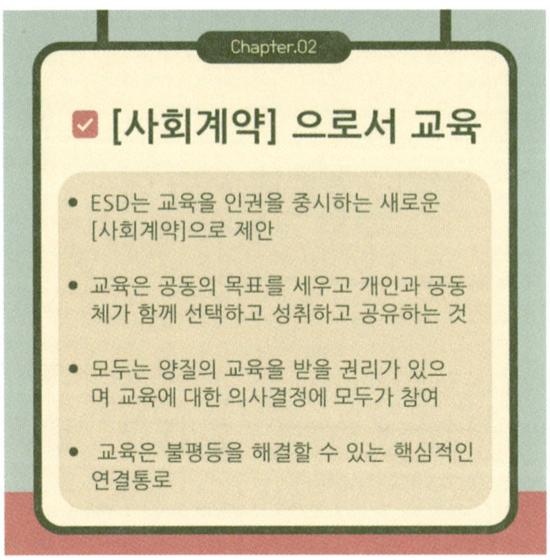

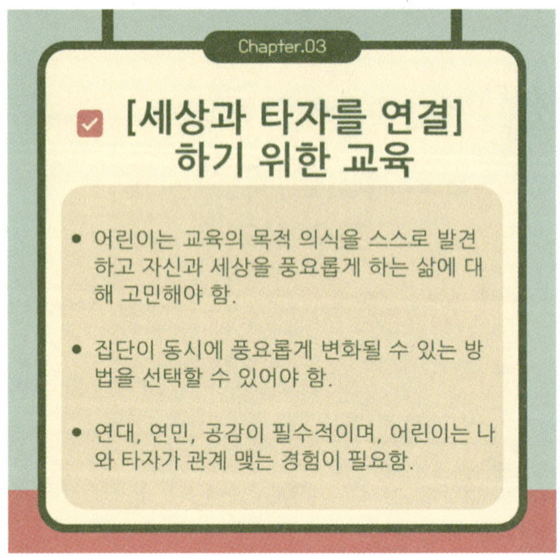

5) ESD : 지속가능발전교육, 경제

- 본 카드뉴스는 [어린이를 위한 SDGs : SDGs가 왜 필요할까?(아키야마 고지로, 2020; 송지현 역, 서울 : 스쿨존edu)], [유아를 위한 지속가능발전교육(존 시라지-블래치포드 외, 2012; 박은혜, 신은수 공역, 서울 : 이화여자대학교출판부)], 공정무역협회(https://naver.me/5AfkgMtR)를 참고하여 구성하였습니다.

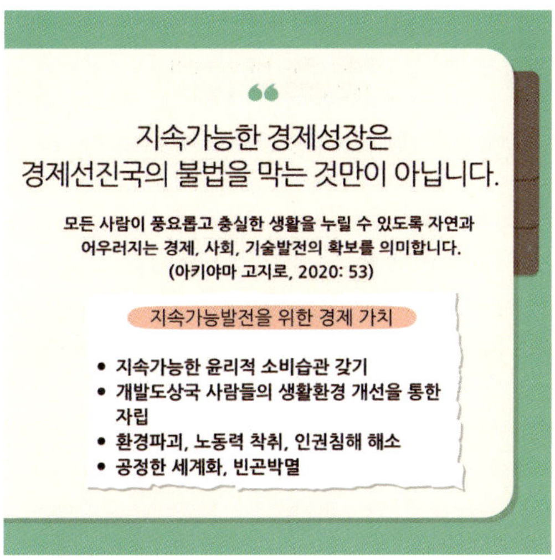

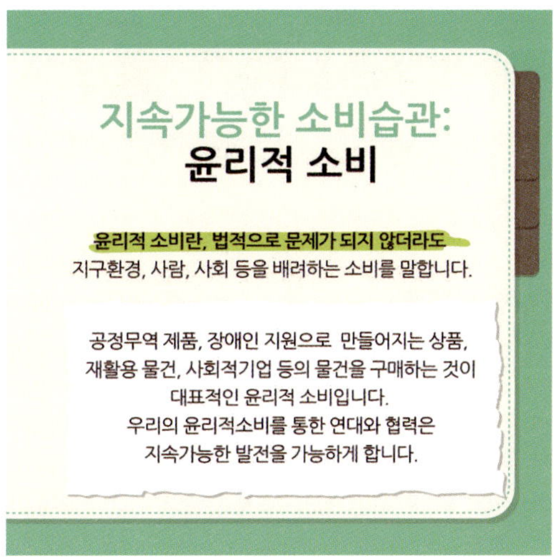

예시:
첫번째, 코끼리똥 종이
코끼리똥 종이는 나무를 베지 않아서 만들었기때문에
우리가 써야 하는 종이일까요?
코끼리똥 종이에는 더 큰 가치가 있어요.
스리랑카에서는 농작물을 해치고, 아무곳에나 똥을 누는
코끼리가 골치였어요.
사람들은 산을 벌초하고 개간하여 농작물을 키워
코끼리들이 사는 곳을 줄여나갔지요.
살아갈 터전이 줄어들자 더 많은 코끼리들이
마을로 내려오기 시작했어요.
사람들에게 코끼리는 더 성가신 동물이 되었고,
사람들은 코끼리를 사냥해서 죽이기도 했어요.

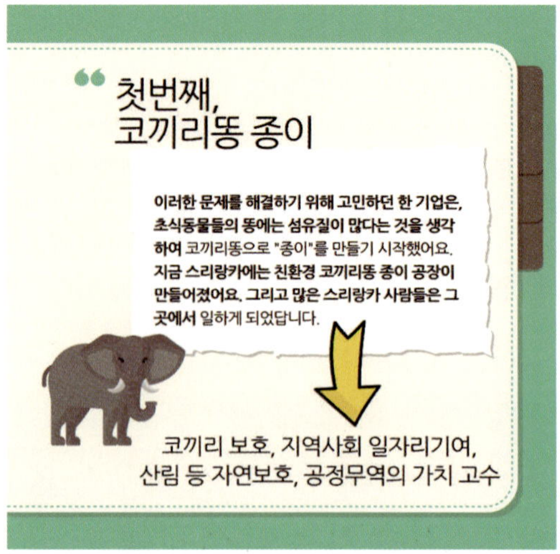
첫번째,
코끼리똥 종이
이러한 문제를 해결하기 위해 고민하던 한 기업은,
초식동물들의 똥에는 섬유질이 많다는 것을 생각
하여 코끼리똥으로 "종이"를 만들기 시작했어요.
지금 스리랑카에는 친환경 코끼리똥 종이 공장이
만들어졌어요. 그리고 많은 스리랑카 사람들은 그
곳에서 일하게 되었답니다.
코끼리 보호, 지역사회 일자리기여,
산림 등 자연보호, 공정무역의 가치 고수

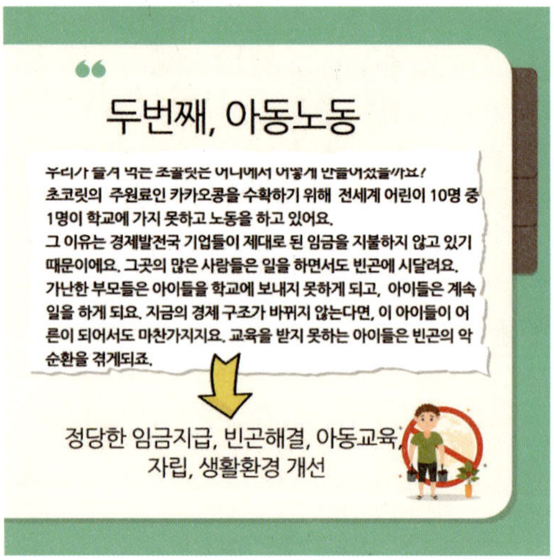
두번째, 아동노동
우리가 즐겨 먹는 초콜릿은 어디에서 어떻게 만들어졌을까요?
초코릿의 주원료인 카카오콩을 수확하기 위해 전세계 어린이 10명 중
1명이 학교에 가지 못하고 노동을 하고 있어요.
그 이유는 경제발전국 기업들이 제대로 된 임금을 지불하지 않고 있기
때문이에요. 그곳의 많은 사람들은 일을 하면서도 빈곤에 시달려요.
가난한 부모들은 아이들을 학교에 보내지 못하게 되고, 아이들은 계속
일을 하게 되요. 지금의 경제 구조가 바뀌지 않는다면, 이 아이들이 어
른이 되어서도 마찬가지지요. 교육을 받지 못하는 아이들은 빈곤의 악
순환을 겪게되죠.
정당한 임금지급, 빈곤해결, 아동교육,
자립, 생활환경 개선

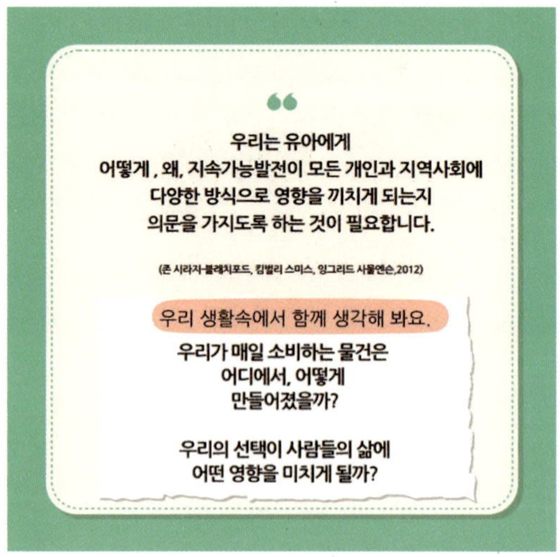
우리는 유아에게
어떻게 , 왜, 지속가능발전이 모든 개인과 지역사회에
다양한 방식으로 영향을 끼치게 되는지
의문을 가지도록 하는 것이 필요합니다.
(존 시라자-블래치포드, 킴벌리 스미스, 잉그리드 사뮬엔슨,2012)
우리 생활속에서 함께 생각해 봐요.
우리가 매일 소비하는 물건은
어디에서, 어떻게
만들어졌을까?
우리의 선택이 사람들의 삶에
어떤 영향을 미치게 될까?

03 국내외 ESD 실천 도움 자료

1) 관련 사이트

(1) SDGs, ESD 관련

	웹주소	특징
1	지속가능발전 포털 https://ncsd.go.kr	대한민국의 지속가능발전 이행사항 및 실천 등 안내
2	전국지속가능발전협의회 http://www.sdkorea.org	1992년 브라질 리우데자네이루에서 개최된 유엔환경개발회의(UNCED, 리우회의)에서 채택된 의제21(Agenda21)의 제28조에 명시된 지방의제21(Local Agenda21)의 '환경적으로 건전하고 지속가능한 개발'의 정신과 원칙에 기반하고 있는 전국지속가능발전협의회는 전국의 협의회를 총괄하는 기구
3	한국지속가능발전센터(KICSD) http://www.kicsd.re.kr	한국지속가능발전센터(KICSD)는 전국지속가능발전협의회 부설기관으로서, 지속가능발전에 관한 연구 교육 및 다양한 국내외 정보를 제공
4	지속가능발전 기업협의회 http://kbcsd.or.kr	기업의 지속가능경영 - 환경경영과 기업의 사회적책임(CSR, Coporate Social Responsibility)을 강조하며, 기업의 지속가능경영보고서, 환경보고서, CSR보고서 등을 발간하는 기구
5	ICLEI 한국사무소 https://www.icleikorea.org/main	지속가능성을 위한 세계지방정부 이클레이(ICLEI - Local Governments for Sustainability)의 한국사무소
6	서울대학교 지속가능발전연구소 https://isd.snu.ac.kr/isd/index.php	환경, 경제, 사회의 지속가능발전을 위한 정책수립과 인재육성, 기술적용을 통해 서울대학교, 지역사회, 국가, 아시아 그린리더십 교과과정 운영에 대한 정보 공유
7	유네스코 ESD https://esd.unesco.or.kr	ESD 의미, 실천사례, 인증제에 대한 자세한 내용 안내

(2) 환경, 공정무역 관련

	웹주소	특징
1	환경부 https://me.go.kr/home/web/main.do	환경부 공식사이트
2	환경교육포털 http://www.keep.go.kr	국제환경산업기술 그린에너지전, 환경기술지원, 환경기술교육 등 사업 안내 및 교육 정보를 제공
3	환경보전협회 http://www.epa.or.kr	국제환경산업기술 그린에너지전, 환경기술지원, 환경기술교육 등 사업 안내 및 교육 정보를 제공
4	탄소중립포털 https://www.gihoo.or.kr	탄소중립 정책과 일상 속에서 실천할 수 있는 구체적인 방안 소개
5	수도권 대기환경청 http://www.me.go.kr/mamo/web/main.do	수도권대기오염현황, 홍보영상, 어린이학습교실, 환경용어사전 등을 제공
6	한국내셔널트러스트 http://www.nationaltrust.or.kr/index.php	자연-문화유산확보 사업과 올바른 내셔널트러스트법 유관 단체와의 네트워크 사업 및 업무지원과 다양한 시민참여 활동 전개
7	생태보전시민모임 http://www.ecoclub.or.kr	시민과 함께 도시생태계를 보전, 창출, 돌보기 위한 시민모임
8	환경실천연합회 http://www.ecolink.or.kr	"맑은 물, 맑은 공기, 깨끗한 환경"이라는 회훈 아래 환경파괴 감시, 오염실태 파악, 환경의식교육, 환경보호방안 홍보
9	환경재단 http://www.greenfund.org	어려움을 겪고 있는 아시아 국가 지원 및 어린이 환경 교육 현황을 공유
10	한국공정무역협의회 https://kfto.org	공정무역을 주요 미션으로 하는 국내 단체들의 네트워크 조직으로 사회적 경제와 지속가능한 발전을 추구하며 공정무역의 발전을 위한 다양한 국내외 활동을 주도
11	세계공정무역협의회 https://wfto.com	공정무역을 주요 미션으로 하는 국제 기구
12	Fairtrade Foundation https://www.fairtrade.org.uk	공정무역과 관련된 자료를 공유하며, 특히 학교에서 사용할 수 있는 교육자료 다수 보유

2) 해외 사례

(1) 스웨덴

스웨덴은 ESD를 정책 문서에 통합하고 정책을 시행하는 데 있어서 선도적인 국가에 속하며, 유아 ESD에 대한 연구도 지속적으로 이루어지고 있다. 지속가능한 개발을 유아교육에 통합하는 것과 관련해서 스웨덴 유치원 교육과정은 "교육은 아이들에게 주변 환경과 자연과 사회에 대한 생태적이고 돌보는 접근 방식을 습득할 수 있는 기회를 제공해야 한다"고 명시한다. 즉, 유아의 경우에도 사람들이 하는 다양한 선택이 경제적뿐만 아니라 사회적, 환경적 발전에 어떻게 기여할 수 있는지에 대한 지식을 개발할 수 있는 기회가 주어져야 한다고 보고 있다.

유치원의 ESD 교육 실천에서는 "The Seven RE-Words"(7R)가 사용된다. 7R 프레임워크는 원래 1987년에 Brundtland Commission의 "Our Common Future"에서 소개되었고, 이후 세계 유아교육기구 세계총회(OMEP)는 유아원 수준에서 ESD 실천을 지원하려는 의도로 더욱 발전시켰다.

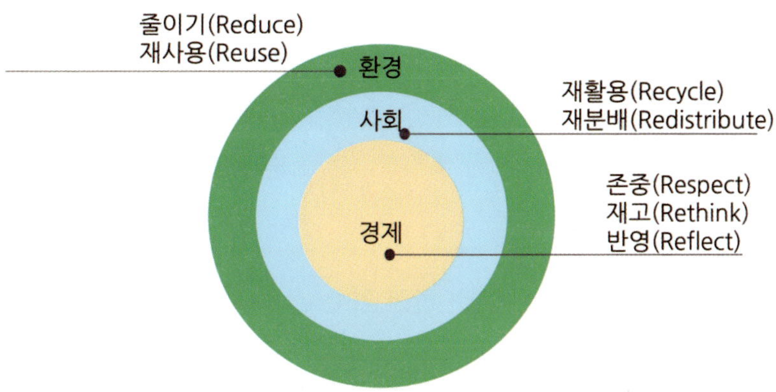

[그림 11] The Seven RE-Words(7R)

출처 : Farhana Borg(2019). A case study of a Green Flag-certified preschool in Sweden. The Hungarian Educational Research Journal, 9(4), 607-627. DOI:10.1556/063.9.2019.4.52

■ "Green Flag(그린 플래그)" 인증제

"Green Flag" 인증제는 국제기구 FEE(환경 교육 재단) 소속 "Eco Schools"에 의해 설립되었다. 스웨덴의 Keep Swedish Clean은 FEE의 회원이며 인증과 관련하여 승인되는 변수를 승인하는 것은 FEE이다. 그린 플래그 인증 절차는 먼저 에코스쿨 7단계를 통해 학교에서 손쉽게 환경을 보호하고 지속가능한 개발을 실현할 토대를 마련한 후, 각국의 사무소 혹은 인증기관 실사와 심사를 수행한다.

에코스쿨 7단계는 다음과 같다.

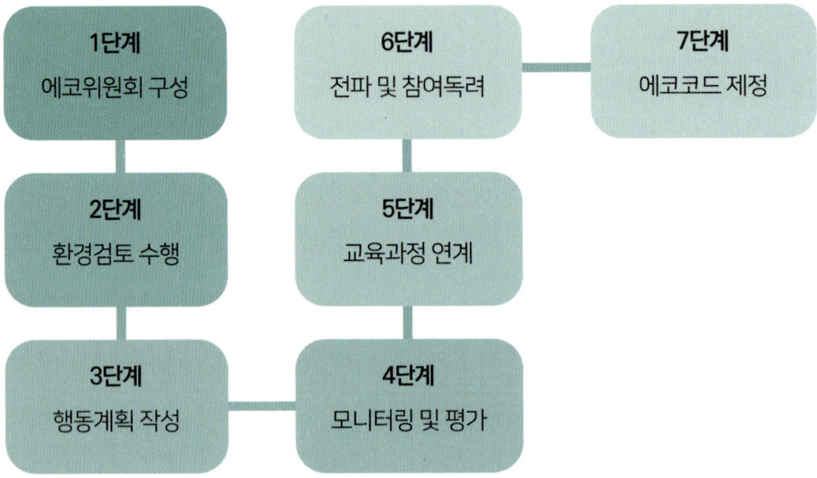

[그림 12] **에코스쿨 7단계**

• **그린 플래그(Green Flag) 인증**

에코스쿨 프로그램을 도입하고, 7단계의 과정이 자연스럽게 순환하도록 정착하는 데 보편적으로 6~12개월의 시간이 소요된다. 에코스쿨 7단계를 큰 어려움 없이 운영할 수 있는 학교는 에코스쿨 인증을 신청할 수 있으며, 인증신청이 접수되면 각국의 사무소 혹은 인증기관이 실사와 심사를 수행한다.

에코스쿨의 기본여건을 충족하면 환경교육재단이 발급하는 인증서와 그린 플래그(Green Flag)를 수여 받게 된다. 에코스쿨 인증은 매년 갱신해야 하며, 인증 조건에 부합하지 못하면 인증은 자동 종료되며, 그린 플래그는 반납해야 한다.

최초로 그린 플래그 인증을 신청할 경우 블루 플래그, 그린키, 숲배움터 등 환경교육재단에서 인증한 기관에서의 환경활동을 수행하거나 환경교육재단 인증 프로그램을 이수(최소 4차시)하여야 한다.

출처 : https://hsr.se/sites/default/files/2021-05/gronflagg_a5_broschyr.pdf
https://www.fee-korea.org/eco/sub4/4_1.php

■ 스웨덴 유치원의 'Green Flag' 사례

주제 : 사람과 지구의 건강

- **첫 번째 질문**

우리 몸이 건강해지려면 무엇이 필요한가요?

"우리는 아이스하키를 해야 해요."
"우리는 놀아야 해요."
"우리는 당근, 오이, 토마토, 샐러드, 고기, 피망, 사과와 같은 영양가 있는 음식을 먹어야 해요."

- **두 번째 질문**

(아이들이 더러워진 지구를 청소하는 그림을 보여주며) 아이들이 지금 무엇을 하고 있나요?

"지구가 더러워져서 청소하고 있어요."

- **세 번째 질문**

우리가 어떻게 지구를 도울 수 있을까요?

"우리는 오염을 줄이기 위해 차를 타는 대신 자전거를 탈 수 있어요."
"쓰레기를 주워요."
"스웨덴과 현지에서 재배되는 음식을 사요."
"재활용 해요."

위의 사례는 지속가능한 발전이 환경적, 사회적, 경제적 측면이 유치원 교육 활동에서 상호 연결되고 의존적이라는 것을 보여준다. 유치원에서 유아들의 의견은 존중되었고, 그들의 삶과 관련된 의사 결정을 스스로 할 수 있었으며, 유아들은 교사의 지원과 격려를 받아 그들에게 의미 있는 활동에 대한 책임을 질 수 있었다.

출처 : Farhana Borg(2019). A case study of a Green Flag-certified preschool in Sweden. The Hungarian Educational Research Journal, 9(4), 607-627. DOI:10.1556/063.9.2019.4.52

(2) 캐나다

캐나다는 넓은 국토 면적에 비해 인구가 밀집된 지역은 한정적이라 환경오염 문제에서 상대적으로 자유로운 편이다. 그럼에도 불구하고 환경 보호에 대한 인식은 점차 확산되는 추세이며, 이를 교육에 흡수시켜 자라나는 미래 세대들이 지속 가능한 발전을 이어갈 수 있도록 교육과정을 구성하는 사례가 늘고 있다. 지속가능한 발전은 특정 지식이나 기술을 습득하는 것보다 인식의 제고가 무엇보다 필요하기 때문에 특정 교과로 한정하기보다 관련 있는 여러 교과목에 고르게 배정하는 편이다. 하지만 캐나다는 연방법상 교육법(Educational Act)이 존재하나 강제성이 약하며 교육법 제정 및 교육행정 전반에 대한 주 정부의 자치권을 인정한다.

■ 캐나다 지속가능성 교육과정 검토 이니셔티브(Canadian Sustainability Curriculum Review Initiative : Rationale, Context and Scope)

- 목적 : 학교 교사 및 교육과정 개발자가 ESD의 개념과 가치에 대해 학습하고 이를 학교 교육과정에 효과적으로 적용/이행하는 데 유용한 정보와 가이드라인을 제시함
- 절차 및 방법 : 본 이니셔티브는 K-12 교육에 지속가능성 개념을 통합하여 교육과정을 개정하는 과정에서 고려해야 할 사항을 단계별로 제시하며, 다루어질 수 있는 주제로는 유엔 ESD 10년(UN DESD) 의제에서 제시한 핵심 주제 21개 가운데 캐나다의 환경, 사회, 문화적 맥락을 고려하여 12개 주제를 선정

* 핵심주제 : 1) 생물다양성, 2) 기후변화, 3) 경제와 지속가능한 소비, 4) 생태계, 5) 에너지, 6) 식량과 농업, 7) 거버넌스-시민성-지역사회, 8) 건강과 환경, 9) 원주민 문화와 전통 지식, 10) 평화와 안보, 11) 지속가능한 도시와 교통, 12) 수자원

항 목	내 용
교육과정 검토	각 주의 CRDI 담당자 및 환경교육 전문가로 구성된 국가 자문위원회(National Advisory Committee) 조직. 각 주의 ESD 교육과정 목적 및 내용, 이행 현황을 분석. 동시에 지속가능발전교육 국제 조사(Education for Sustainable Development : International Survey)를 진행하여 해외 지속가능발전교육 동향을 파악하고 캐나다 국내 적용 방안 탐색
교육과정 개발	각 주의 교육기관에서 공통적으로 참고할 수 있는 국가 수준 ESD 가이드라인을 마련하기 위한 연구 개발 사업 진행. 지속가능성 관련 핵심 주제를 중심으로 총 12개의 주제별 지침서(Theme Documents)를 개발하였으며 온라인 홈페이지(http://lsf-lst.ca)를 통해 무료로 보급하고 있음
교육과정 이행	각 주/ 지역에서 해당 교육과정을 보급하고 관리하는 역할을 담당하는 전문가 그룹을 조직(예 Manitoba Working Groups). 주 정부 교육부 및 지역 학교 이사회 등 관련 기관 간 협의 주도하고 가이드라인을 참고하여 해당 주의 교육과정을 개선할 수 있도록 도움

■ 브리티쉬 컬럼비아 주

• 주 교육과정의 5대 핵심 원칙과 지속가능성

브리티쉬 컬럼비아주는 주 교육과정의 5가지 핵심 원칙에 '미래지향(Future Orientation)' 영역에서 환경 혹은 지속가능성 관련 내용을 언급했다. 이는, 사회, 경제, 환경 영역의 급격한 변화에 대응할 수 있도록 학습자들이 필수적인 기수과 적응 능력, 글로벌 역량, 시민성을 갖추고 궁극적으로는 직업 영역에 성공적으로 진입할 수 있도록 지원해야 함을 핵심 요소로 다루고 있다.

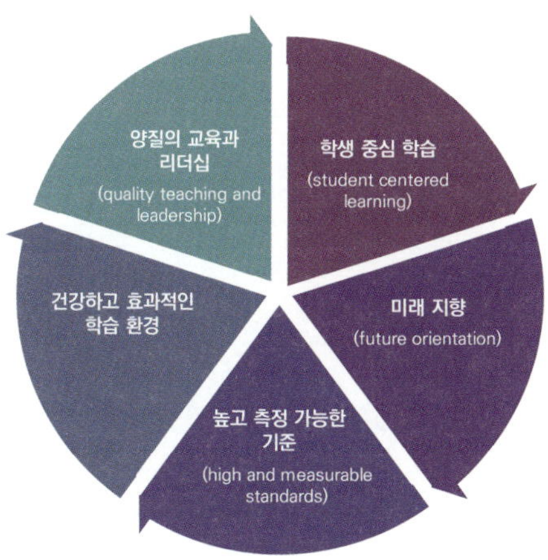

[그림 13] 브리티시 컬럼비아 주 교육과정의 5대 핵심 원칙

• 환경 학습 가이드라인

1990년대부터 주 교육부와 환경교육 전문가 연합이 협력하여 주 정부 교육과정에 환경교육 요소를 포함하기 위한 연구 사업을 진행했다. 이러한 움직임이 2007년 국내외 환경교육계 흐름의 변화를 반영하여 환경학습(Environmental Learning)을 핵심 범교과 학습 주제의 하나로 선택한 ELE(Environmental Learning & Experience) 가이드라인이다. 이는 환경학습 및 체험(ELE) 프로그램을 통해 초등(K-7) 및 중등(8-12) 학습자의 수준에 맞춘 환경교육 교수 · 학습 가이드라인을 'CARE' 모델로 제공한다.

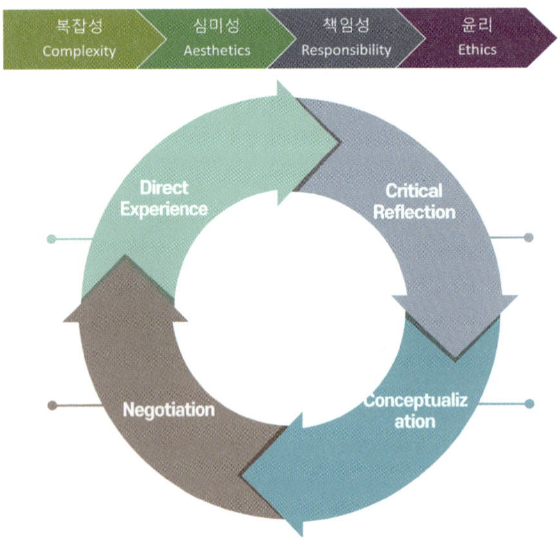

※ 순환 학습 모델에 기반 하여 환경학습은 현장 조사 등 직접적인 체험(Direct Experience)으로부터 시작되며 성찰(Reflection)을 통해 환경에 대한 자신의 개념을 정립(Conceptualization)하게 됨. 최종적으로 학습자들은 자신의 개념을 다른 학생들과 논의(Negotiation)하며 환경에 대한 생각과 관점을 확장시켜 나감

[그림 14] 브리티시 컬럼비아 주 학습 & 체험(ELE) 가이드라인의 CARE 모델과 4단계 순환 학습 구조

출처 : 환경부, 한국환경교육학회(2018). 연구보고서 : 주요 외국의 환경교육 비교 연구.
https://www2.gov.bc.ca/assets/gov/education/kindergarten-to-grade-12/teach/teaching-tools/environmental-learning/environ_learning_exper.pdf

■ 매니토바 주

매니토바 주는 1998년 캐나다 최초로 지속가능발전법(Sustainable Development Act)을 제정하였으며, 주 교육부와 지역교육위원회를 통해 ESD를 위한 자체적인 교육과정을 개발, 운영하고 있다.

- 주 정부 교육과정의 핵심 미션과 주요 목표에 'ESD' 포함

구분	내용
미션	모든 매니토바 아동 및 청소년이 양질의 교육을 경험하고 민주적이며 사회적으로 정의롭고 지속가능한 사회의 시민이자 평생 학습자로 성장할 수 있도록 일련의 교육기회를 보장한다.
추진 목표	교육을 통해 학생들이 지속가능한 삶의 의미를 배우고 경험할 수 있도록 지원한다.
우선순위 실행영역	1. 수리력과 문해력 2. 지속가능발전교육(ESD) 3. 저소득층 교육 4. 원주민 교육 5. 전원 지역 대상 교육 6. 북부 지역 대상 교육

[그림 15] **매니토바 주 교육과정의 핵심 미션, 주요 목표, 우선순위 실행영역**

- 지속가능한 학교 인증제 : Eco-Globe Schools

다양한 ESD 사업을 추진/ 이행하고 있는 학교의 현황을 파악하고 성과를 인증하기 위한 제도로 주 정부 지원을 받는 모든 학교가 온라인을 통해 지원하도록 장려한다.

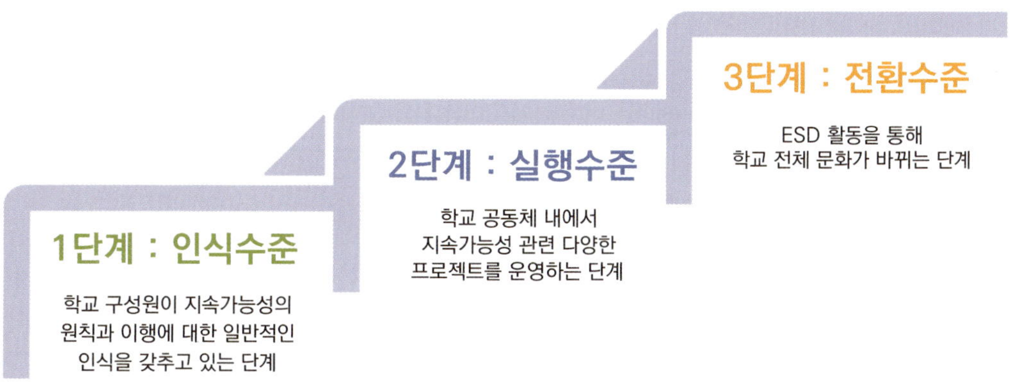

[그림 16] **매니토바 주 ESD 추진 3단계**

• ESD 관련 교사 양성 및 교사 연수 지원

매니토바 주의 Royal Road 대학의 경우 주 정부 매니토바 교사 연합과 협력하여 온/오프라인을 활용해 ESD 관련 자격증 과정을 운영한다. 이는 정규 학교 교사뿐만 아니라 일정 자격을 갖춘 지역 활동가 및 시민들도 해당 자격증 과정을 이수하면 사회 환경교육 영역에서 교육자로 활동할 수 있다.

출처 : 환경부, 한국환경교육학회(2018). 연구보고서: 주요 외국의 환경교육 비교 연구.
한국교육개발원 교육정책네트워크 정보센터
https://edpolicy.kedi.re.kr/frt/boardView.do?strCurMenuId=54&pageIndex=1&pageCondition=10&nTbBoardArticleSeq=817621#goSnsShare

(3) 독일

독일은 ESD와 함께 기후변화 대응 정책에 있어서도 오래전부터 선도자적인 역할을 하며 능동적으로 온실가스 감축 노력을 전개해 왔다. 독일의 ESD가 추구하는 새로운 교육목표는 '형성역량'(Ge-staltungs kompetenz)의 개념으로 제시되었다. 형성역량은 "자신이 살고 있는 사회공동체의 미래를 지속가능발전이라는 의미에서 적극적으로 참여해서 변화시키고 모범화시킬 수 있는 힘 또는 역량"으로 정의되며 8개의 세부 하위영역으로 구체화된다.

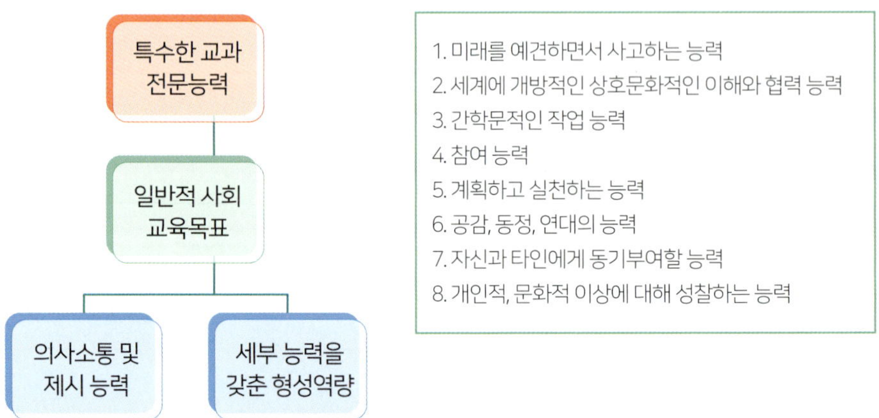

[그림 17] 교수 학습 차원에서의 형성역량과 8가지 하위능력

독일은 근본적인 변화를 수반해야 하는 교육개혁은 아이디어 연구에서부터 청소년들의 역량을 키우는 등 완전히 실행되기까지 30년이 걸린다고 예측하면서 그 과정을 모니터링하며 일관성 있게 추진하고 있다.

유아교육에 있어서도 ESD를 실행하는 것은 영유아가 미래와 관련된 질문을 흥미롭게 다룰 수 있는 기회를 제공한다는 의미로 보고, 독일의 유아교육기관은 미래 지향적인 사고와 행동을 위한 장소를 만들기 위해 노력한다.

출처 : 정미숙(2021). 독일의 지속가능발전교육(ESD)과 기후위기 대응 교육. 서울교육 뉴스기사 해외교육2021 여름호 (243호)(https://webzine-serii.re.kr/독일의-지속가능발전교육esd과-기후위기-대응-교육efn_note/)
https://www.bne-portal.de/bne/de/nationaler-aktionsplan/die-bildungsbereiche-des-nationalen-aktionsplans/fruehkindliche-bildung/fruehkindliche-bildung.html

(4) 일본

일본의 환경교육은 학습지도요령에 따라 수행되는데 교과별로 환경 관점을 다루거나 종합학습 시간에 수행되었다. 환경교육에서 큰 진전은 없었다고 평가되며 자연 재해나 방사능 오염 등 당면 이슈 관련 활동이 추진되고 있다. 학교 환경교육 전문화를 위한 환경교육 전담인력 배치, 체계적 예비 교사 교육 및 재교육 강화 등에 제안되고 있다.

■ JEEF

"교육의 힘으로 환경 문제를 해결한다"라는 캐치프레이즈를 가지고 있다. 공익사단법인 일본환경교육포럼(JEEF : Japan Environmental Education Forum)은 체험과 대화를 중시한 환경교육으로 지속가능한 사회 만들기를 담당하는 인재를 육성하는 NGO이다. 지구 환경을 비롯해 복잡하게 얽힌 다양한 문제를 해결하기 위해 표면적인 지식을 주는 것이 아니라 '체험과 대화를 중시한 환경교육'을 통해 '스스로 과제를 찾아 배우고 생각하며 행동할 수 있는 인재'를 육성한다.

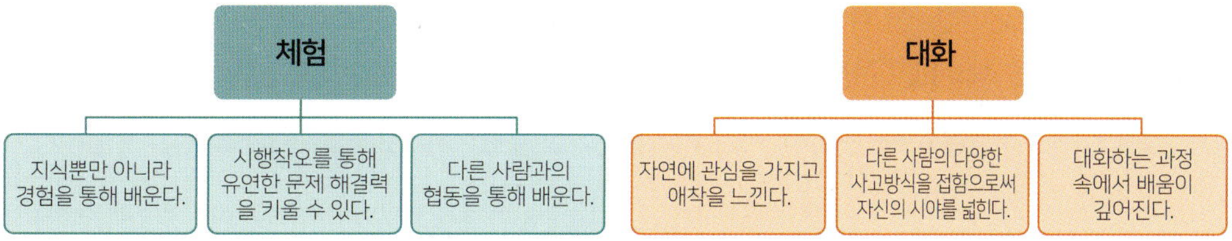

[그림 18] JEEF에서 체험과 대화의 의미

특히 이 단체는 환경교육에 의한 인재육성을 통해 복잡하게 얽힌 다양한 사회과제의 해결과 SDGs의 달성을 위한 다양한 교육 프로젝트를 수행하고 있다.

출처 : 환경부, 한국환경교육학회(2018). 주요 외국의 환경교육 비교 연구. http://www.jeef.or.jp/

(5) 미국

2021년 조 바이든 행정부가 들어서면서 파리기후 협약 재가입, 친환경 인프라 구축, 신재생에너지 지원, 최저임금 인상 등 환경 및 인권 문제를 해결하기 위한 SDGs 이행에 노력하고 있지만, ESD 관련 정책에 대한 노력은 상대적으로 부족한 편이다.

■ 'Green Ribbon Schools'(그린 리본 스쿨) 프로그램

미국 교육부 주관으로 환경 및 지속가능성 이슈에 대해 적극적인 노력을 펼친 학교, 학군 그리고 고등교육 기관에 상을 수여한다.

환경적 영향과 비용 절감	• 폐기물, 물, 에너지 사용 및 대체 교통수단 등
학생과 교직원의 건강과 웰빙 개선	• 환경 건강, 영양 및 피트니스 등
환경 교육을 포함한 ESD 제공	• STEM, 시민 기술 및 녹색 직업 경로 등

[그림 19] 그린 리본 스쿨 수상의 3대 주요 기준

■ 프로젝트 Noah

주변 공원, 학교, 화단 등 자연에서 발견한 야생 동식물의 사진을 찍어 올리면 Project Noah에 연결된 누군가가 확인해 줌으로써 지역 자연환경에 대한 정보를 기록하는 프로젝트이다. 이 프로젝트는 WSIS 상 : 2017년 전자과학 부문 챔피언, 월드 서밋 어워드(World Summit Award) : 2013년 모바일 e-러닝 부문 우승자, 어린이 학습 혁신 부문 쿠니상 등을 수상했다.

04 사전/사후 인식 조사 설문지

1) 사전 인식 조사 설문지

ESG 가치 운영, ESD에 대한 사전 인식 설문 조사

안녕하세요. 설문에 응해 주셔서 대단히 감사합니다.
본 설문조사는 ESG, ESD와 관련하여 여러분의 평소 생각을 확인하기 위한 것입니다.
응답해주신 내용은 영유아 교육기관 ' ESG, ESD 교육 실천'에 인식 조사를 위한 목적으로만 사용됩니다. 설문 문항에는 정답이 없습니다.
읽어 보면서 처음 떠오르는 생각과 가까운 곳에 체크(√) 표시하고, 질문에 대해 솔직한 생각을 써 주세요.

번호	인터뷰 및 설문지 내용	전혀 그렇지 않다	별로 그렇지 않다	보통이다	그런 편이다	매우 그렇다
		1	2	3	4	5
1	영유아 □ 교사 □ 원장 □ 부모 □	전체 참여대상				
2	'지속가능발전'이라는 단어는 뭐라고 생각하는가?	인터뷰 혹은 주관식 설문 모두 가능				
3	'지속가능성', '지속가능발전'이라는 단어를 들을 때, 가장 먼저 무엇이 떠오르는가?	인터뷰 혹은 주관식 설문 모두 가능				
4	지구환경 위기에서 좋은 영유아 교육기관이 되려면?	인터뷰 혹은 주관식 설문 모두 가능				
5	'ESG 교육', 'ESG 교육과정', 'ESG 운영' 단어를 알고 있다.					
6	'ESG 교육', 'ESG 교육과정', 'ESG 운영' 관련하여 교육, 연수를 받은 경험이 있다.					
7	나는 평소에 환경 문제에 관심이 있다.					
8	나는 환경 문제를 해결하기 위해 노력한다.					
9	나는 ESG 실천 방법에 대해 알고 있다.					
10	'ESG 교육', 'ESG 교육과정', 'ESG 운영' 연수 받은 내용을 실천하기 위해 노력한다.					

2) 사후 인식 조사 설문지

안녕하세요. 설문에 응해 주셔서 감사합니다.

이번 설문 조사는 지속가능발전교육(ESD)에 참여한 교사들의 생각을 확인하기 위한 것입니다.
응답해 주신 내용은 교육 효과를 해석하기 위한 목적으로만 사용됩니다.
설문 문항에는 정답이 없습니다. 질문에 대해 교사는 내 생각과 가장 가까운 문항에 체크 표시하시기 바랍니다.

번호	문항	전혀 그렇지 않다	별로 그렇지 않다	보통이다	그런 편이다	매우 그렇다
1	나는 지속가능발전교육(ESD)의 내용에 대해 안다.					
2	나는 지구환경 위기를 대처하기 위해 내가 해야 할 일을 안다.					
3	‘ESG 교육’, ‘지속가능발전교육(ESD)’ 교육에 참여하려고 노력한다.					
4	나는 ESG, 지속가능발전교육(ESD)의 실천 방법에 이전보다 잘 안다.					
5	나는 지속가능한 사회를 위해 내가 해야 할 일을 한다.					
6	나는 ESG, 지속가능발전교육(ESD)을 교사로서 실천하기 위해 노력한다.					
7	나는 갈등이나 문제해결을 위해 교사들과 자주 의견을 나눈다.					
8	나는 사회와 영유아 교육기관의 구성원으로서 갈등이나 문제해결에 대해 협력하려고 노력한다.					
9	나는 교육과정을 계획할 때 지속가능성을 고려한다.					
10	나는 지속가능한 사회를 위한 활동에 앞으로도 참여할 의사가 있다.					

05 유네스코 지속가능발전교육(ESD) 공식프로젝트 인증제 참여 Q&A

질문 1. ESD란 무엇인가요?

오늘날 국제사회는 급격한 기후변화와 금융위기, 대량소비 확산, 인간안보 위협 등 복잡한 문제들에 직면해 있습니다. 이러한 전 지구적 위기를 극복해 나가는 데 있어 현 세대와 미래 세대 모두를 위한 '지속가능발전'(sustainable development)의 중요성이 강조되고 있습니다. 생산, 소비, 문화 등 생활 전반에 걸친 인식 체계를 근본적으로 전환함으로써 경제발전 · 사회통합 · 환경보전 모두를 실현하고자 하는 지속가능발전은 개인의 태도와 철학을 변혁시키는 것을 전제로 하고 있습니다. 이러한 지속가능발전의 본질은 궁극적으로 교육 문제로 귀결될 수밖에 없습니다,

현재 유네스코는 2019년 이후 GAP(Global Action Programme)을 이어갈 새로운 ESD 사업 전략인 '지속가능발전목표 달성을 위한 교육'(Education for Sustainable Development Goals, ESDGs) 프로그램을 준비하고 있습니다. ESDGs는 SDGs가 추구하는 세계를 만들어 갈 사회구성원 양성에 있어 ESD가 핵심 역할을 할 것임을 강조하고, 오는 2030년까지 ESD 사업 전략의 초점을 SDGs 이행 촉진에 맞출 것입니다.

질문 2. 유네스코 ESD 공식프로젝트 인증제는 무엇인가요?

유네스코한국위원회는 2011년부터 '유네스코 지속가능발전교육 공식프로젝트 인증제'(Korean UNESCO ESD Official Project, ESD 인증제)를 추진해 왔습니다. 「유네스코 ESD 공식프로젝트 인증제 운영규정」(운영규정)에 법적 기반을 두고 있는 ESD 인증제는 한국 사회에서 추진되고 있는 '지속가능한' 교육 및 훈련 활동을 증진하고, 다양한 '한국형 ESD' 실천사례를 발굴함으로써 이를 모범 사례로 국내외에 소개해 보급 · 확산하는 것을 목표로 하고 있습니다.

ESD 인증마크

질문 3. 언제, 그리고 어떻게 인증 신청을 하면 되나요?

ESD 인증 신청 및 심사는 매년 상반기 중에 진행되며, 이때 유네스코한국위원회 홈페이지(www.unesco.or.kr) 내 관련 공지사항을 참고하셔서 신청 과정 시 요구되는 서류들을 제출하시면 됩니다. 신청 서류들이 접수되면 유네스코 ESD한국위원회 위원 및 외부 전문가로 구성된 심사평가단이 인증 신청 내용 및 기준 충족 여부를 확인하고, 인증관계자의 의견을 청취해 유네스코 ESD한국위원회에 심사보고서를 제출합니다. ESD한국위원회의 인증 여부 심의가 완료되면 유네스코한 국위원회 사무총장이 프로젝트 인증 심사 및 심의 결과를 통보하고, 인증을 최종 부여하게 됩니다. 2024년에는 신규 공모가 없고, 2025년 상반기(4~5월 중)에는 신규 공모신청 공지로 홈페이지를 통해 안내될 예정입니다.

유네스코 지속가능발전교육(ESD) 공식프로젝트 신청방법

홈페이지 공지 글 붙임 서식을 작성하여 신청기간 내 이메일 제출한다.
이메일 제출 주소 : esd@unesco.or.kr 유네스코한국위원회 유네스코의제정책센터
02-6958-4280

[서식 예] 2024년 인증 연장 신청서 https://www.unesco.or.kr/news/notice/view/1696/page

유네스코 지속가능발전교육 공식프로젝트
Korean UNESCO ESD Official Project
– 인증 신청서(연장) –

I. 프로젝트 및 연장 신청 개요

구분	내용
프로젝트명	(국문) (영문)
관련 주제 (복수 선택 가능)	□ 빈곤 종식(SDG1) □ 기아 해결(SDG 2) □ 건강과 복지(SDG 3) □ 양질의 교육(SDG 4) □ 성평등(SDG 5) □ 깨끗한 물과 위생(SDG 6) □ 지속가능한 청정 에너지(SDG 7) □ 좋은 일자리와 경제 성장(SDG 8) □ 산업, 혁신과 인프라(SDG 9) □ 불평등 해소(SDG 10) □ 지속가능한 도시와 공동체(SDG 11) □ 지속가능한 소비-생산(SDG 12) □ 기후변화 대응(SDG 13 □ 해양 생태계(SDG 14) □ 육상 생태계(SDG 15) □ 평화, 정의, 강력한 제도(SDG 16) □ 글로벌 파트너십(SDG 17)
관련 실천영역 (택 1)	□ 정책 개선(Advancing Policy) □ 학습 환경 변혁(Transforming learning enviornment) □ 교육자의 역량 구축하기(Building capacities of educators) □ 청년/청소년의 권한부여와 참여(Empowering and mobilizing youth) □ 지역 수준의 실천 가속화(Accelerating local level actions)
수행기간	0000년 00월 00일 – 0000년 00월 00일 □ 1년 □ 1년 초과, 2년 이하 □ 2년 초과, 3년 이하 □ 3년 초과, 4년 이하 □ 4년 초과, 5년 이하 □ 5년 초과
교육대상	□ 유아 □ 초등학생 □ 중학생 □ 고등학생 □ 대학생 □ 주부 □ 교사 □ 마을 주민 □ 공무원 □ 일반 성인 □ 노인 □ 기타 (군인, 재소자 등 특정 집단인 경우)
활동지역 국내	활동 지역(예: 00시, 00도)
활동지역 해외	구체적인 활동 국가 또는 지역 명시
최초 인증년도	년 / 연장년도: 년(총 회)
최근 인증기간	201○년 ○○월 – 2024년 ○○월
연장 신청사유	신청사유 기재

II. 수행기관 개요

구분	내용
수행기관명	(국문) (영문)
기관 유형	□ 영유아 교육기관 □ 초등학교 □ 중고등학교 □ 고등교육기관 □ 비정규교육기관 □ 정부기관 □ 연구소/재단 □ 기업(협동조합) □ 박물관/미술관 □ 준정부기관/거버넌스 □ 지방자치단체 □ 시민사회단체/NG □ 기타 (세부 기관 유형 기술)
대표자명	
기관 우편주소	세부 주소 (우: 00000)
기관 홈페이지	
담당 부서 – 부서명	
담당 부서 – 담당자명(직함)	성명(직함)
담당 부서 – 연락처	사무실: 휴대전화: 이메일:

III. 프로젝트 모니터링 · 평가 (I)

프로젝트가 공식 인증 이후 현재까지 어떠한 성과가 있었는지, 그리고 이에 대해 어떻게 모니터링·평가했는지 기술해 주시기 바랍니다.
[주요 성과] - - - [모니터링·평가 이행 현황] - - -

질문 4. 어떤 프로젝트가 인증 신청 대상이 될 수 있나요?

ESD의 우수 실천 사례로서, 8가지 관련 주제들(환경 및 에너지, 생물다양성, 지역개발 및 거버넌스, 문화다양성, 평화/ 인권, 양성평등, 빈곤감소, 지속가능한 생산과 소비) 가운데 최소 1가지 주제에 대해 국내 정부, 지자체, 학교, 기관/ 단체가 수행 중이거나 수행한 교육, 사업, 행사, 축제 및 기타 활동들이 신청 대상이 될 수 있습니다. 다만, 신청 시 해당 프로젝트는 1년 이상 수행 중이거나 수행 완료된 상태여야 하며, 계획 단계의 프로젝트는 신청이 불가합니다(운영규정 제4조).

지속가능발전교육(ESD) 공식 프로젝트 신청 대상

인증 유효기간이 2024년 만료 예정인 공식프로젝트 중 아래 조건에 부합하는 경우

1. 공식프로젝트 활동을 현재까지 지속하고 있는 경우
2. 연장 신청 기간 동안 프로젝트 수행을 계속할 계획이 있는 경우
3. 인증 유효기간 연장이 최종 승인된 이후 연장기간 동안 ESD 인증제 운영지침에 따라 프로젝트 수행기관의 역할(활동보고 등)을 충실히 수행할 수 있는 경우

질문 5. 프로젝트는 어떻게 평가하나요?

- ESD 이해도 및 적합도(30%)
  - 수행기관/ 담당자의 ESD 이해도와 주제의 적절성(10%) - 프로젝트의 ESD 특성, 적합성 및 통합성(20%)
- 효과성(20%)
  - 프로젝트 자체 및 ESD의 목표 달성도 및 파급효과(10%)
  - 사회 · 환경 · 경제의 지속가능성에 대한 기여도(10%) : 일상의 변화와 관련된 내용 포함
- 효율성(10%) : 비용(예산 및 노력) 투입 대비 산출, 고비용 구조 여부, 재원의 적절성 등
- 만족도(10%) : 프로젝트 참가자 및 이해관계자의 만족도, 프로젝트 자체의 성찰 과정 반영 여부 등
- 독창성(10%) : 프로젝트의 창의성 또는 참신성
- 사회적 배려도(10%) : 취약 지역 또는 계층에 대한 배려 등
- 지속가능성 및 기타(10%)

- 유네스코한국위원회 사무총장이 위촉한 심사평가단(5인)이 신청 접수된 프로젝트를 채점하게 됩니다. 심사위원들은 7개 평가항목별로 각각 1~5점(1점이 가장 낮은 점수)을 V표로 체크하고, 각 신청 프로젝트에 대해 심사평가 의견(추후 최종보고서에 반영)을 서술합니다. 이렇게 산출된 5인의 채점 결과를 항목별로 합산한 후, 항목별 가중치를 적용해 산정한 총점(100점 만점)을 토대로 프로젝트의 최종 인증 여부를 결정하게 됩니다(운영규정 제6조 및 제7조).

질문 6. 프로젝트 인증 유효기간은 얼마나 지속되나요?

인증 유효기간은 기본적으로 3년이며, 유효기간 연장을 희망하시는 경우 해당 신청 기간에 신청해 주시면 심사위원단의 심사, 유네스코 ESD한국위원회의 심의를 거쳐 유효기간 연장 여부가 최종 결정됩니다. 연장 가능 기간은 2년 이내입니다(운영규정 제9조). 2024년 기준으로 총 175개의 ESD 프로젝트가 유네스코한국위원회 공식프로젝트로 인증받았고, 그중 90개 프로젝트가 공식적인 프로젝트로 활동하고 있는 중입니다.

질문 7. 프로젝트 인증 시 어떠한 혜택이 있나요?

유네스코 ESD 공식 프로젝트로 인증되면 다음과 같은 혜택이 부여됩니다(운영규정 제8조, 제12조, 제13조).

- 유네스코한국위원회 사무총장이 발급하는 인증서 교부
- 프로젝트 발전을 위한 추가 기획안 공모 후 재정 지원
- 현판 등 프로젝트 홍보물품 지원
- 홈페이지, 브로슈어 등 자체 프로젝트 홍보 자료에 공식 인증마크 사용
- 유네스코한국위원회가 발간하는 ESD 분야 자료 및 발간물 제공
- 유네스코한국위원회 소식지 〈유네스코뉴스〉 내 프로젝트 홍보 기회 제공
- ESD 분야 국내외 네트워크 활동(ESD 한마당 등) 참여 기회 제공
- 프로젝트의 개선 · 발전을 위한 ESD 컨설팅 제공 및 강의 협조
- 유네스코 본부/ 지역사무소 및 산하/ 유관기관의 ESD 사업 참여 기회 제공(유네스코 ESD상 신청, 해외 사례발표 등)

ESD 공식 프로젝트 인증서 양식

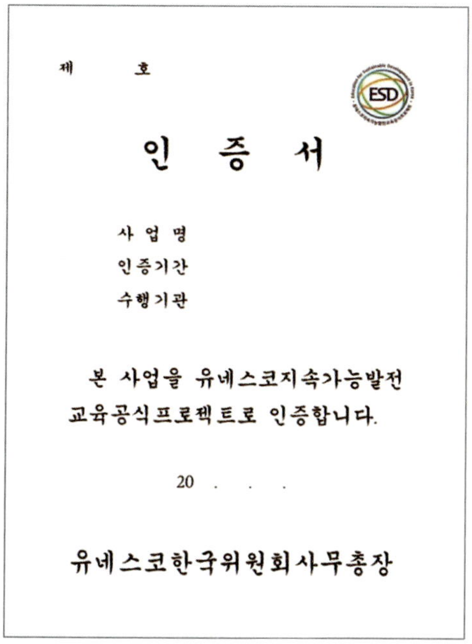
제 호

인 증 서

사 업 명
인증기간
수행기관

본 사업을 유네스코지속가능발전교육공식프로젝트로 인증합니다.

20 . . .

유네스코한국위원회사무총장

ESD 공식 프로젝트 인증서 현판 양식

출처 : 유네스코 지속가능발전교육 공식프로젝트 인증제 '우리가 궁금한 10가지 질문하기' 유네스코한국위원회 (https://www.unesco.or.kr)

질문 8. 인증마크는 어떻게 사용해야 하나요?

공식프로젝트로 최종 인증을 받으면 해당 프로젝트와 직접적으로 관련된 인쇄물 및 광고물, 인터넷 매체 등에 ESD 인증제의 공식 인증마크를 활용하실 수 있습니다. 그러나 인증 기간이 만료되었거나 인증이 취소된 때에는 인증마크를 사용하실 수 없습니다(운영규정 제8조).

질문 9. 공식프로젝트 수행 기관의 임무는 무엇인가요?

- 기본적으로 공식프로젝트의 수행 기관은 해당 프로젝트를 내실 있게 이행해 주셔야 하며, 인증 기간 동안 연 1회 이상 공식프로젝트의 주요 활동 내용을 사무처에 보고해야 합니다.
- 또한 수행 기관은 ESD 인증사무처(유네스코한국위원회)가 공식프로젝트 수행과 관련해 자료를 요구한 때에는 이에 응해야 합니다(운영규정 제10조).

질문 10. 공식프로젝트의 인증이 취소될 수도 있나요?

- 거짓이나 그 밖의 부정한 방법으로 공식프로젝트로 인증받은 경우
- 공식프로젝트가 사회적으로 부정적인 물의를 일으킨 경우
- 수행 기관이 공식프로젝트와 직접적으로 관련이 없는 활동이나 수행 기관 자체에 대해 인증 마크를 사용한 경우
- 인증 기간 동안 공식프로젝트 활동이 현저히 부진하거나 운영규정 제10조에 따른 활동 보고 또는 자료 제공을 이행하지 않은 경우

출처 : 유네스코 지속가능발전교육 공식프로젝트 인증제 '우리가 궁금한 10가지 질문하기'

06 유네스코 지속가능발전교육(ESD) 공식프로젝트 인증제 운영 지침

(제정 2013.11.29. 시행 2021.01.01.)

제1조(목적)

이 지침은「유네스코지속가능발전교육한국위원회규정」 제5조 및 제10조에 따라 지속가능발전 교육에 대한 이해를 높이고 실천역량을 강화하기 위하여 유네스코한국위원회(이하 "위원회"라 한다)가 추진하는 유네스코지속가능발전교육공식프로젝트인증제(이하 "인증제"라 한다)의 운영에 관하여 필요한 사항을 정함을 목적으로 한다.

제2조(적용범위)

인증제의 운영에 관하여 이 지침에 정하지 아니한 사항은 위원회 사무총장(이하"사무총장"이라 한다)이 정하는 바에 따른다.

제3조(정의)

이 지침에서 사용하는 용어의 정의는 다음 각 호와 같다.

1. "지속가능발전교육"이란 Education for Sustainable Development(ESD)의 국문 번역용어로서 지속가능발전에 대한 교육과 지속가능발전을 위한 교육을 통칭한다.
2. "유네스코지속가능발전교육공식프로젝트(이하 "공식프로젝트"라 한다)"란 지속가능발전교육의 목적을 달성하기 위하여 정부 · 기관 · 단체가 수행 중이거나 수행한 교육과 사업, 행사, 축제, 기타 활동 중에서 위원회가 지속가능발전교육의 우수한 실천 사례로 인증한 것을 말한다.
3. "수행기관"이란 공식프로젝트를 수행하는 정부 · 기관 · 단체를 말한다.

제4조(인증제 운영)

① 공식프로젝트 인증은 지속가능발전교육의 우수한 실천 사례로서, 1년 이상 수행 중이거나 수행한 프로젝트를 대상으로 한다.

② 공식프로젝트 후보는 공개모집하고, 심사평가단의 심사결과를 유네스코지속가능발전교육 한국위원회(이하 "ESD한국위원회"라 한다)에서 심의를 거쳐 사무총장이 인증한다.

③ 인증제 운영 관련 사무는 위원회 사무처(이하 "사무처"라 한다)가 처리한다.

제5조(인증 심사)

① 사무총장은 공식프로젝트 후보심사를 위하여 다음 각 호의 사람으로 심사평가단을 구성하며, 심사평가단 위원은 공식프로젝트 공개모집 시에 사무총장이 위촉한다.

1. ESD한국위원회 위원 중 2인
2. ESD와 관련된 정부 · 기관 · 단체 · 개인 전문가 3인

② 심사평가단은 다음 각 호의 사항을 수행한다.

인증 신청 서류 심사. 필요시에 인증 심사와 관련된 현장 방문. 심사결과("인증", "반려"로 구분한다)를 포함한 심사보고서의 작성 및 ESD한국위원회 제출

③ 인증 심사는 다음 각 호의 기준에 따른다.

-주제 적합성 : 사업의 목표 및 내용의 ESD 핵심 가치반영 정도
-효과성 : 목표 달성도 및 파급 효과 등
-만족도 : 프로젝트 참가자 및 이해관계자의 만족도 등
-독창성 : 프로젝트의 창의성 또는 참신성
-포용성 : 취약 지역 또는 계층에 대한 배려 등

④ 사무총장은 심사평가단의 요청 시 수행기관에 신청서에대한 보완 또는 개선을 요구하고, 그 결과를 심사보고서에 첨부한다.

제6조(심의 및 인증)

① ESD한국위원회는 제5조에 따른 심사결과를 토대로 공식프로젝트 후보를 심의하여 "인증" 또는 "반려"를 판정한다.

② 사무총장은 제1항에 따라 "인증" 판정을 받은 공식프로젝트에 대하여 인증서를 교부하며, 인증일은 인증서 교부일로 한다.

제7조(인증마크)

① 공식프로젝트와 직접 관련된 인쇄물 · 광고물이나 인터넷 매체 등에 인증 표시(이하 "인증 마크"라 한다)를 할 수 있다.

② 인증마크의 제작 및 사용에 관하여 필요한 사항은 사무총장이 따로 정하며, ESD한국위원회에 보고한다.

③ 인증 기간이 만료되었거나 인증이 취소된 때에는 인증마크를 사용할 수 없다.

④ 인증이 만료되었거나 취소된 공식프로젝트의 수행기관은 인증 만료 60일 이내에 사무처에 현판을 반납하거나 현판을 제거한 후 이에 대한 증빙자료를 제출하여야 한다.

제8조(인증 기간)

① 공식프로젝트 인증 기간은 3년으로 하되, 제2항에 따라 그 기간을 연장할 수 있다.

② 사무총장은 수행기관이 계속 활동 계획서를 구비하여 인증 기간 연장(3년 이내의 기간으로 한다)을 요청한 때에는 ESD한국위원회의 심의를 거쳐 이를 승인할 수 있다.

③ 연장 심의 이전에 인증 기간이 만료된 때에는 연장인증서 교부 전일까지 인증기간이 연장되는 것으로 본다.

④ 공식프로젝트의 수행기관이 기한 내에 인증 기간 연장을 신청하지 않거나 ESD한국위원회의 심의결과에 따라 인증기간 연장이 승인되지 않은 경우, 해당 공식프로젝트의 인증기간은 만료된 것으로 본다.

제9조(활동 보고 등)

① 수행기관은 인증 기간 동안 1년에 1회 이상 공식프로젝트의 주요 활동 내용을 사무총장에게 보고하여야 한다.

② 수행기관은 사무처가 공식프로젝트 수행과 관련하여 자료를 요구한 때에는 이에 응하여야 한다.

제10조(인증 취소)

① 사무총장은 공식프로젝트가 다음 각 호의 어느 하나에 해당한 때에는 인증을 취소하여야 한다.

-거짓이나 그 밖의 부정한 방법으로 공식프로젝트로 인증받은 경우

-당해 프로젝트가 사회적으로 부정적인 물의를 일으킨 경우

-수행기관이 공식프로젝트와 직접적으로 관련이 없는 활동이나 수행기관 자체에 대하여 인증마크를 사용한 경우

-인증 기간 동안 프로젝트 활동이 현저히 부진하거나 특별한 사유 없이 2년 이상 제9조에 따른 활동 보고 또는 자료 제공을 이행하지 아니한 경우

② 사무총장은 인증을 취소한 때에는 지체 없이 수행기관에 이를 통보하고 위원회 웹사이트에 관련 사실을 공시하며, 가장 가까운 ESD한국위원회에 보고하여야 한다.

제11조(지원)

사무처는 공식프로젝트에 대하여 위원회의 예산의 범위 내에서 재정 및 기타 지원을 제공할 수 있다.

제12조(실비의 지급)

심사평가단 위원에게는 위원회의 예산 범위 내에서 직무 수행에 따른 수당이나 실비를 지급할 수 있다.

제13조(지침의 개정)

이 지침은 ESD한국위원회의 심의를 거쳐 사무총장이 개정한다.

부칙 이 지침은 2021년 1월 1일부터 시행한다.

출처 : 유네스코한국위원회 https://www.unesco.or.kr/news/notice/view/1696/page

맺는 말

우리의 상상력을 책으로 집필하며

우리의 상상력과 함께해 주신 분들

■ 원장 은하수

#소통하는 협의 문화, 원장으로서 성장하며 프로그램 운영자로 전문성을 향상했던 의미 있었던 시간들

최근 급속한 환경변화 속에 우리의 환경보존을 지키는 일이 매우 중요한 시기라 할 수 있다.

나는 우리 어린이집에서 아이들과 ESD의 관점으로 놀이를 진행해야겠다는 생각을 했다. 먼저 교사들의 인식개선이 필요했고 이금자 대표님께 특강을 부탁하게 되었다. 교사들과 협력공동체를 구성하여 놀이 속에서 ESD 교육적 의미를 되돌아 볼 수 있도록 현장지원도 진행되었다.

우리는 ESD 협력공동체를 구성하여 주기적인 만남으로 서로 다른 의견을 나누며 소통하는 협의 문화를 경험할 수 있었고, 이 과정에서 ESD 교육이 왜 필요하고 중요한지 알 수 있었다는 점이 가장 긍정적인 의미로 남는다. 또한 원장으로서 성장하며 프로그램 운영자로서 전문성을 향상하는 시간도 되었다.

이번 시간을 통해 우리가 다 함께 잘 사는 환경을 위해 지속적으로 실천할 수 있는 보육 프로그램 개발과 놀이 공간과 환경의 경계가 없는 자연과 인간, 지역사회가 더불어 살아가는 시스템이 필요하다고 느꼈다.

유아기의 경험은 삶의 태도가 형성되는 매우 중요한 시기이다. 나는 앞으로 살아가게 될 유아들에게 환경에 대한 올바른 가치관과 태도가 형성될 수 있도록 ESD에 대해 더 많은 노력과 관심을 가지며, 건강한 구성원 나아가 다 함께 잘 사는 사회를 만들어야겠다고 다짐했다.

마지막으로 좋은 교사, 좋은 교육, 좋은 어린이집을 위해 아낌없는 격려와 지원을 해 주신 더좋은보육채널 이금자 대표님과 김희진 연구원에게 감사함을 전합니다.

■ 교사 나나

#동료들과 함께 성장하는 가치, 교사들의 내적 동기와 정서적 안정감을 만드는 힘

ESG, ESD 교육에 대해 많이 듣고, 어린이집에서 ESG 프로그램을 실행해 보았지만 현장에 있는 교사들에게 필요한 교육, 자료가 한정적이라 어려움을 겪었습니다. 이런 어려움을 느끼고 있는 와중 '더좋은보육채널' 대표님과 연구원께서 ESD 교육을 해주시고, 교사 교육과 연계하여 어린이집 교사들과 교육공동체를 구성해 ESD 프로그램을 어린이집에서 실행할 수 있었습니다.

교사교육과 현장지원 과정에서 나는 교육이 무엇인지, 현장에서 활동을 어떻게 진행하고, 활동을 진행하면서 겪는 교사들의 어려움과 고민을 함께 나누고 앞으로 나아갈 방향을 찾아갈 수 있었습니다. 또한 ESD, 교육공동체라는 단어를 처음 듣고 느꼈던 생소함, 부담감 또는 기대감을 느꼈던 교사들이 시간이 지남에 따라 각 반에서의 실천 사례를 나누고 현장에서 직면한 문제를 해결할 수 있는 도움을 제공받고, 동료들과 함께 성장해 가는 원동력, 그리고 교사들 간에 소통을 기반으로 내적 동기와 정서적 안정감을 만드는 힘도 재발견했습니다.

앞으로도 '함께'의 가치를 경험할 수 있도록 지역사회, 어린이집, 학부모, 유아 모두 연계하여 ESD를 실천하고, 지속적으로 교육공동체를 통해 의미 있는 놀이중심 교육을 실천하며 전문적 성장과 공동체적 어린이집 문화를 구성할 수 있도록 노력하고자 합니다.

함께 한 교사들의 이야기

일과 중 대부분을 한 교실에서, 매일 보는 아이들이지만 교육공동체를 통해 다른 교실에는 어떤 놀이가 진행되고 있는지, 선생님들은 어떤 지원과 상호작용을 해 주시는지 보면서 교사의 반성적 사고가 얼마나 중요한 것인지도 알게 되었다. ... 중략 ... 성인의 시선으로 보았을 때, 아이들의 관심은 순식간에 바뀌며 예측할 수 없는 방향으로 전개되지만, 성인과 다르게 그 시기의 아이들만이 가지고 있는 독특한 창의성, 주도성, 호기심 등이 지속가능발전교육의 원동력이 될 수 있다는 것도 알게 되면서 앞으로는 성인의 시선에서 아이들의 놀이를 해석하려고 하기보다는 자연스럽게 아이들의 눈높이에서 놀이 흐름을 따라가 보아야 겠다.

by.승승

아이들과 현장에서 지내면서 아이들이 환경뿐만 아니라 놀이에서의 자연스러운 모습도 관찰하고 기억하며 이 모든게 ESD 교육이 될 수 있음을 잊지 않고 아이들에게 필요한 자원을 지원할 수 있는 교사가 되고자 다짐하게 되었습니다. 감사합니다!!

by.안나

ESD 교육공동체를 하면서 '실패해도 도전은 의미있다.'는 생각을 많이 하게 되었다. 그리고 이러한 역량을 앞으로도 키워가고 싶다는 생각이 들었다. ...... ESD 교육공동체 선생님들께서 회의 중에 '북극곰'에서 '환경'으로 친구들의 흥미를 이끌 수 있는 활동들을 함께 고민해주셔서 회의 중에 나왔던 아이디어들을 교실에서 활동에 적용해보았다. 유아들의 흥미가 '북극곰'에서 '지구온난화'로 바뀌어 가는 것을 보면서 '교육공동체를 하니 이렇게 고민을 나누고, 도움을 받을 수 있구나',하는 생각이 들었다. 이때 처음으로 '교육공동체 하기를 잘했다' 하는 생각이 들었던 것 같다. ...... 자연물이 놀이 재료가 되고, 교실에서도 자연물을 사용하여 놀이하는 모습을 보며 제한하는 것이 정답은 아니었다는 생각이 들었다. 앞으로도 유아들의 놀이 속 이야기에 귀기울여 놀이를 지원해주는 교사가 되겠다는 다짐의 시간이었다.

by.꽃

살아오면서 "지구를 지켜야지", "점점 더워져가네"라고 생각만 해봤지 어떻게 지구를 구체적으로 지켜야하는지, 왜 지구를 지켜야하는지에 대해 ESD 특강을 통해 깨닫게 된 것 같다. 그리고 환경과 생활이라는 주제말고는 아이들과 함께 이러한 주제를 가지고 이야기해볼 시도조차 안했었는데 이번 기회를 통해 아이들과 꽤 깊은 이야기를 나눠보았던 거 같아서 좋았다.

by.엘사

교실에서의 놀이가 잘 이루어지고 있는 것인지, 이 놀이가 환경을 위한 놀이라고 볼 수 있는 것인지 고민이 될 때쯤 연구원님이 현장 지원을 와주셔서 교실의 놀이를 관찰해주었다. 연구원님은 아이들의 놀이를 또 다른 관점과 시각에서 바라봐주셨고, 써주신 놀이 기록지를 읽어보면서 아이들의 놀이 하나하나가 의미 있고 가치 있을 수 있구나를 느끼게 되었다. 이를 통해 아이들이 놀이를 할 때 더 적극적인 도움과 다양한 지원을 해줄 수 있는 교사가 되어야겠다고 다짐했다.

by.토끼

현장지원을 통해 이금자 원장님과 김희진 연구원님께 ESD 교육을 진행하며 고민이 되었던 부분에 대해 묻고 조언을 얻으며 이를 통해 무엇이든 혼자 고민하고 해결하기보다는 선생님들과 여러 의견과 방안을 함께 고민해보며 효과적인 활동을 상상해내고 도전하는 것이 바로 교육공동체고 교육공동체의 필요성과 그 의미에 대해 깨달을 수 있었다. ESD 교육을 진행하는데 '협동과 협력'이라는 역량을 기를 수 있었던 것 같다.

by. 행운

어린이집에서 형성한 선생님들과의 교육공동체는 나에게 신선하게 다가왔다. 일상 속에서의 회의, 협의와는 다른 느낌이었다. 서로의 생각을 나누고 공유하며 타인의 시선에서 함께 바라볼 수 있었고, 나의 의견을 자유롭게 이야기하며 자신의 생각을 표현할 수 있는 기회라고도 생각되었다. 교육공동체의 선생님들을 모두 함께 만나는 시간을 제외하고, 교육공동체 안의 또 다른 작은 공동체를 형성하기도 하였다. 다양한 시선에서 바라볼 수 있는 '우리'가 되었다는 느낌이 들었다. 교육공동체가 있었기에 혼자라면 어렵다고 생각하며 미루고, 외면했을 일들을 시작하게 하는 원동력이 되었다고 생각한다.

by.소소

유아, 유아와 교사, 유아와 놀잇감 뿐 아니라 더 나아가 유아와 어린이집과의 연대, 협력하는 경험을 통해 더불어 살아가는 사회의 기쁨을 누리며 살아가는 사람으로 성장하였으면 하는 바램을 갖게 되었다. 이를 위해 교사로서 유아들을 더욱 지원해주어야 겠다는 다짐을 했다.

by.원쿠

앞으로도 우리 사회가 당면하고 있는 기후변화 등에 관심을 두고 실제 교육활동에 적용하기 위한 다양한 아이디어들을 공유하여 올바른 교육 방향을 확립할 수 있도록 노력하는 교사가 되고 싶다.

by.아이아이

맺는 말

우리가 다음 세대에 물려줘야 할 최선은 무엇일까? 이것은 마지막 글을 쓰는 순간까지 나에게 남아 있던 물음이다. 초고를 작성하기 시작했던 지난해부터 오늘까지. 누군가가 나에게 이런 질문을 한다면 나는 이렇게 대답할 것이다. "아이들이 존재할 시간"이라고. 이 대답은 한 명의 소녀가 어른들에게 요구했던 말이었다. 이것은 누가 어떤 교육을 하느냐 하는 문제와는 또 다른 차원의 생각이다. 이 땅에서 우리의 자녀가 살아가고, 그 자녀가 자라서 자녀를 낳고 또 기르는 가능성 자체는 '존재하는 세계'가 있어야 가능한 일들이다.

과연 50년, 100년 후에도 후손들이 살아갈 세상이 존재할까? 아이들이 존재하는 현재 그리고 앞으로 살아갈 시간을 위해서 우리는 이제 무엇이든 할 수 있는 것부터 시작해야 한다. 영유아에게 존재하는 시간은 더 이상 미뤄서는 안 된다. 영유아 교육기관에서 일하는 우리는 시대적인 사명을 인식하고 반드시 실천에 앞장서야 한다. ESD는 더 나은 미래를 위해서라도 함께 풀어가야 할 과제라는 사실을 진중히 받아들이고 최고의 선택과 실천으로 이어지길 바란다.

이제 우리 앞에는 각자의 실천이 남아 있다. 무엇부터 할 것인가? ESD는 개인의 삶을 변화시키고 세상의 방향을 바꾸는 방법이 될 것이다. 교육은 우리가 공동의 책임을 성찰하며 변혁적인 역할을 하는 통로가 된다. 바라기는 우리나라 모든 교육현장에서 작은 실천이라도 미루지 말고 지속가능한 사회를 위해 지금부터 함께하는 교육으로 동참할 것을 촉구한다.

나는 책을 기다리는 사람들과 약속한 기한을 맞추고자 아쉽지만 마침표를 찍었다. 책을 서둘러 세상에 내다 보니 미처 담지 못했던 현장 지원 사례들이 아쉽다. 마지막까지 미진해 보이는 부분들을 보완하고자 애썼으나 이번에도 나는 배움을 얻었기에 '감사'와 '만족'하는 마음으로 정리한다.

부족한 리더를 존경하고 사랑하는 더좋은보육채널 연구원들, 생생한 현장을 열어 주시고 매번 열정을 선사한 천안 삼성어린이집 원장님과 교사들에게 손경의 마음을 전한다. 마지막으로 가장 고귀한 일을 하는 대한민국 영유아 교육현장 사람들과 존재만으로도 고귀한 어린이들에게 이 책을 바친다.

(더좋은보육채널 대표 이금자)

더 이상 미룰 수 없는 기후위기 앞에 '미래를 살아갈 영유아들을 위한 교육은 어떠해야 할까?'라는 질문은 '지속가능한 사회를 위해 교육자로서 우리가 낼 수 있는 목소리는 무엇일까?'라는 생각으로 이어졌다. ESD의 의미를 재정립하고, 지속가능성의 패러다임으로 교육과정 재정향의 목소리를 내는 것으로 그 질문에 대한 답을 찾았다.

나는 가르침이란 내가 지금 몸담고 있는 세상을 바라보는 안목을 기르고, 그 문화 속에서 내가 가진 가치관은 무엇인가에 대해 고민할 수 있는 생각의 힘을 키우도록 돕는 일이라고 생각한다. 또한 그 가치관에 따라 어떠한 일을 결정하고 실천해 나가는 과정에서 끊임없이 고민하며 자신의 삶을 의미 있게 구성해 나갈 수 있도록 내적 · 외적 역량을 나가도록 돕는 과정이 내가 생각하는 교육의 중요한 목적이었다.

ESD는 한 사람이 세상을 성찰하며 살아가게 하는 삶의 태도를 요구한다. 지금의 문제를 해결하기 위해 앞으로 지속해야 할 것과 멈춰야 할 것에 대한 사고방식이 필요하다. 한번 결정한 일은 고정된 것이 아닌 변화해 가는 세상 속에서 유동적으로 변해가야 함도 내포하고 있다. 이는 내가 그동안 공부하고 실천하며, 가르침이라고 생각하고 행했던 가치관에 부합했기에 나의 소견과 생각을 가지고 책으로 엮어갈 수 있었다.

내가 가지고 있던 교육의 가치를 ESD로 엮어 책으로 집필할 수 있도록 끊임 없이 지지해 주신 대표님께 감사의 말씀을 전한다. 또한 성찰적인 태도로 우리의 교육적 상상력을 함께 펼쳐준 천안 삼성어린이집 원장님과 교사분들께도 존경을 표하고 싶다. 또한 이 책이 끝이 아니라 시작이 되어 우리가 더 나은 현장을 만들어 갈 수 있도록 하는 단초가 되어 주기를 간절히 소망한다. 책장을 덮으며 우리들의 상상력이 또다른 상상력을 펼치게 하는 날개가 되길 바라본다.

(더좋은보육채널 책임연구원 김희진)

우리는 기계와 인간의 경계가 무너지는 혼돈의 4차 산업 시대를 살고 있다. 이렇게 복잡하고 다변화된 사회 속에서 우리는 '과연 인간은 누구인가?, 인간의 본질은 무엇인가?'로 이어지는 인간존재와 가치에 대한 질문을 끊임없이 하게 된다. 그리고 이러한 질문을 하면 할수록 인간만이 할 수 있는 능력이 참으로 소중하다는 것을 깨닫게 된다. 창의적 사고, 비판적 사고, 성찰과 반성, 리더십, 윤리적 책임, 공감, 신뢰, 책무성 등 기계가 아닌 인간이 할 수 있는 것들을 통해 인간 존재의 빛을 드러내는 것이 참 의미 있다.

우리의 저서에는 ESD에 대한 많은 이야기가 담겨있다. 책의 핵심은 소중한 영유아들이 살아갈 미래 시대에 '삶을 살아낼 수 있는 힘'에 대한 것이다. 그리고 부모와 교사를 포함하는 어른인 우리가 아이들을 어떻게 지원하고 함께 고민해 줄 수 있을지에 대한 이야기다. 아이가 만난 의미 있는 교육은 영유아의 전 생애를 통해 열매로 나타난다. ESD를 통해 우리의 아이들이 내딛는 걸음마다 성장하길, 만나는 사람마다 따뜻한 마음을 나누길, 도움이 필요한 사람을 위해 격려하길 기대해 본다.

이금자 대표님과 김희진 책임연구원은 우리가 추구하는 가치를 글로만 써 내려가는 사람들이 아니다. '앎'과 '삶'의 일치를 위해 부단히 노력하는 참 좋은 사람들이다. 두 분에 비해 연구와 글쓰기에 많은 시간을 할애하지 못한 내가 잘 할 수 있는 것이 무엇인지 함께 고민해 주었고, 나의 성장을 지원하며 인내하며 기다려 주었다. 책쓰기가 목적이었다면 결코 하지 못할 기다림과 행동들을 그들이 몸소 보여주었기 때문에 여기까지 함께 올 수 있었다.

나의 경험처럼 우리 아이들도 개인이 가진 역량, 자원, 기술, 지식의 한계를 넘어서는 만남을 통해, 우리가 사는 세상이 참 좋은 곳이라는 것을 알고 우리의 아이들이 세상의 담지자로 살아 내길 기대해 본다.

(더좋은보육채널 책임연구원 김나래)

참고문헌

곽승주(2016). 역할놀이영역에서 나타나는 유아의 또래 간 정서적 경험 탐구. 유아교육연구, 36(1), 79-109.

교육부(2022). 초·중등학교 교육과정 총론.

교육부·보건복지부(2019a). 2019 개정누리과정 해설서.

교육부·보건복지부(2019b). 2019 개정누리과정 놀이이해자료.

김경철·김은혜(2019). 지속가능발전교육에 대한 유치원 교사의 인식. 유아교육연구, 39(2), 125-151.

김은혜(2019). 유아 지속가능발전 인식 검사도구 개발. 한국교원대학교 대학원 박사학위논문.

김은혜·김경철(2020). 유아 지속가능발전 인식 검사도구 개발 및 타당화 연구, 유아교육연구, 40(2), 69-95.

김은혜·이세화(2023). 지속가능발전교육에 대한 유아교사의 인식, 경험, 요구 질적 탐색. 한국유아교육연구, 25(1), 136-168.

김진희(2017). 글로벌시대의 세계시민교육 이론과 실제. 서울 : 박영story.

문지영·양채원(2022). 지속가능성과 지속가능발전교육에 관한 연구 동향. 아시아교육연구, 23(3), 557-585.

베로니카 파치니-케처바우·실비아 킨드·로리 L. M. 코허(2021). 물질과의 새로운 만남, 관계와 연결로서의 유아 시기 교육 재료 탐구(이연선·전가일·정혜영·최승현·하영유 공역), 서울 : 살림터.

보건복지부(2020). 제4차 어린이집 표준보육과정 해설서.

아키야마 고지로(2020), 어린이를 위한 SDGsSDGs가 왜 필요할까?(송지현 역), 서울 : 스쿨존edu.

양진호(2018). 르네 데카르트 성찰. 서울 : 책세상. 208.

요르겐 랜더스·데니스 L. 메도즈·요르겐 랜더스(2012). 성장의 한계(김병순 역). 서울 : 갈라파고스.

유네스코(2012). 지속가능발전교육 길잡이. 한국유네스코위원회.

유네스코교육위원회(2013). 내일의 교육을 그리다. 유네스코한국교육위원회.

유네스코교육위원회(2019). 지속가능발전교육 달성을 위한 교육-학습목표, 유네스코한국위원회. 10.

유네스코한국위원회(2020). 지속가능발전교육 및 세계시민교육의 학습 영역 연구. 유네스코한국위원회

유네스코·유네스코한국위원회(2021). 지속가능한 발전교육(ESD) 로드맵. 국제교육위원회보고서.

유네스코·유네스코한국위원회(2022). 함께 그려보는 우리의 미래 : 교육을 위한 새로운 사회계약. 국제교육위원회보고서.

이경화·손원경·남미경·정혜영·김남희·손유진·정혜영·이연선(2020). 유아교사-되기 운동 유아교사론. 서울 : 학지사.

임현묵·박환보(2018). 한국사회와 지속가능발전목표 4 : 지속가능한 사회를 꿈꾸는 교육. 유네스코한국위원회.

이금자(2021). 어린이집과 살며 가르치며 꿈꾼 성찰일지. 서울 : 좋은땅.

이금자(2023). 교사와 함께 성장하교 교사교육(교사교육 특강 자료). 서울 : 부크크.

전상인·김두환·박범순·한 준·박남기·백영연(2023). 유네스코 미래담론 연구. 교육부, 한국교육위원회.

정미숙(2021). 독일의 지속가능발전교육(ESD)과 기후위기 대응 교육. 서울 : 서울교육.

존 시라지-블래치포드, 킴벌리 스미스, 잉그리드 사무엘슨(2012). 유아를 위한 지속가능발전교육(박은혜, 신은수 공역). 서울 : 이화여자대학교출판부.

지옥정·김미애·유영의·권이정·김경숙(2023). 지속가능한 사회와 유아기 지속가능발전교육-유아교육 디딤돌 시리즈 II - 3. 경기 : 양서원.

정창우(2015). 인성교육의 이해와 실천. 경기 : 교육과학사.

최은영·도남희·김은정·장혜진·김민주·이솔미(2020). 영유아기 지속가능발전교육 실천 방안 연구. 육아정책연구소.

최은영(2022). 이슈페이퍼 : 교사 인식조사를 통한 지속가능 발전교육 실행 방안. 육아정책연구소.

환경부·한국환경교육학회(2018). 연구보고서 : 주요 외국의 환경교육 비교 연구. 한국교육개발원.

한국교육개발원(2023). 수탁연구자료 : 2023 해외교육동향기사 지속가능발전교육(ESD)현황. 한국교육개발원.

Chawla, L., & Cushing, D. F.(2007). Education for strategic environmental behavior. Environmental education research, 13(4), 437-452.

Dahlberg, G., Moos, P., & Pence, A.(2007). Beyond quality in early childhood education and care. 김희연·신옥순·염지숙·유혜령·정선아 공역. (원저 1999년 출판). 포스트모던 유아교육 : 새로운 이해와 실천을 열어가기. 서울 : 창지사.

Farhana Borg(2019). A case study of a Green Flag-certified preschool in Sweden. The Hungarian Educational Research Journal, 9(4), 607-627. DOI:10.1556/063.9.2019.4.52.

Liberman, A., Miller, L.(2015). Teacher leadership. 황기우 역. 교사리더십. 서울 : 학지사.

Thompson, C. W., Aspinall, P., & Montarzino, A.(2008). The childhood factor: Adult visits to green places and the significance of childhood experience. Environment and behavior, 40(1), 111-143.

playwales(2017). Resources for playing – providing loose parts to support children' s play. pdf.

Schon, D. A.(1983). The reflective practitioner : How professionals think in action. New York, NY : Basic Books.

참고한 웹사이트

공정무역협회 https://naver.me/5AfkgMtR/ https://naver.me/I5oOFLPP

국가환경교육 통합플랫폼 https:// www.keep.go.kr

네이버 더좋은보육채널 블로그 포스트 ESG, ESD시리즈 포스트

네이버 두산백과 두피디아 지식백과

독일한국교육원 : 독일의 지속가능발전교육 https://www.keid.de/german-education-info/2b6a4f69-e354-44f2-966e-aa9aa6ba73b0

법제처 https://moleg.go.kr

블로그 '더좋은보육채널' https://blog.naver.com/jayai76

유네스코 지속가능발전교육 공식프로젝트 인증제. '우리가 궁금한 10가지 질문하기' 유네스코한국위원회 https://www.unesco.or.kr

유네스코한국위원회. https://www.unesco.or.kr

지속가능발전포털 https://ncsd.go.kr

한국교육개발원 한국민족문화대백과 http://encykorea.aks.ac.kr

환경부·한국환경교육학회(2018). 주요 외국의 환경교육 비교 연구. http://www.jeef.or.jp

https://asp.unesco.or.kr

https://www.bne-portal.de/bne/de/nationaler-aktionsplan/die-bildungsbereiche-des-nationalen-aktionsplans/fruehkindliche-bildung/fruehkindliche-bildung.html

https://esg.krx.co.kr

http://www.earthcharterinaction.org/content/pages/Downloads%20For%2001%20The%20Earth%20Charter%20Text

https://hsr.se/sites/default/files/2021-05/gronflagg_a5_broschyr.pdf

https://www.fee-korea.org/eco/sub4/4_1.php

https://un-rok.org/ko

https://edpolicy.kedi.re.kr/frt/boardView.do?strCurMenuId=54&pageIndex=1&pageCondition=10&nTbBoardArticleSeq=817621#goSnsShare

https://naver.me/5AfkgMtR

https://naver.me/I5oOFLPP

https://sbvsbstorage.blob.core.windows.net/docs/4d8f03ff-414e-44d6-87d2-20a2a4 516055_VSB_Env-Sust-Plan_Approved_2018-05-28_FINAL.pdf'

https://playwales.org.uk

https://www.youtube.com/watch?v=bcjPa_VQkDQ

기타 자료

교육정책네트워크 정보센터 뉴스기사 해외교육2021 여름호 (243호)(https://webzine-serii.re.kr
독일의-지속가능발전교육esd과-기후위기-대응-교육efn_note
더좋은보육채널 영유아교육기관 대상 놀이특강 자료, 연구회의 기록 및 연구노트
부산광역시기장군육아종합지원센터, 수원시육아종합지원센터, 광주광역시육아종합지원센터 ESG 강의 자료
삼성어린이집 교직원 대상 특강, 선임교사 리더 역할 특강 자료

저/자/약/력

이금자

현재 더좋은보육채널 대표, 배화여자대학교와 서울시 보수교육 전문 강사로 더 좋은 보육을 위한 목소리를 내고 있다. 경기도민감사관, 여성전문가로 아동, 청소년, 여성의 인권과 복지에도 참여하고 있다. 주요 관심사는 교육과정, 놀이, 조직문화, 교사론, 리더십, 국공립위탁시험, 안전교육 분야이다. 『국공립어린이집 위탁시험 최신 핵심 노하우』 전자책과 VOD 강의는 〈크몽〉 유아교육분야에서 2022년부터 현재까지 판매 1위, 오리지널 전자책으로 선정됐다. 삼성어린이집과 푸르니보육지원재단 직장어린이집 원장을 역임, 숙명여자대학교 대학원 석사와 박사과정을 공부했다. 저서로는 『어린이집과 살며 가르치며 꿈꾼 성찰일지(2021)』, 『교사와 함께 성장하는 교사교육 워크북(2023)』 등이 있다.

김희진

현재 더좋은보육채널 책임연구원으로 일하고 있다. 영유아 놀이이해, 문제행동 지원 등을 주제로 한 현직 교사 재교육, 현장 놀이지원 및 컨설팅을 하고 있다. 영유아 놀이이해와 지원을 위한 교사들의 성찰에 관심을 갖고 함께 만들고 성장해 가는 교육문화를 꿈꾸며 더좋은보육채널에서 일하고 있다. 푸르니보육지원재단 직장어린이집에서 교사로 근무했으며, 숙명여자대학교 학부, 동대학원 석사를 졸업하고 박사과정을 수료하였다.

김나래

영유아들이 교육을 통해 참된 열매를 많이 맺고 성장하길 소망하며 현재 총신대학교 박사과정에서 기독교 유아교육을 공부하고 있다. 기독교 교육, 세계관, 교직윤리, 아동안전/성교육에 대한 관심이 많다. 총신대학교 유아교육과와 동대학원 석사를 졸업하고, 총신대학교 부속유치원 교사와 삼성어린이집 원장을 역임했다. 신구대학교, 경인여자대학교, 백석예술대학교에 출강했으며, 『장애유아 통합교육과정(2011)』, 『유아 재난 대비 생활안전교육프로그램(2012)』 등 연구에 참여했다.

영유아 교육기관의

ESG, ESD 실천을 위한 안내서

| 공저자 | 이금자 · 김희진 · 김나래

| 1판 1쇄 | 발행 2024년 9월 30일

| 발행인 | 김동훈
| 발행처 | **공동체**

| 주소 | 경기도 고양시 일산동구 호수로 358-39, 동문타워 1차 905호(백석동)
| 전화 | 031)814-3000(대표)
| 팩스 | 031)814-3100
| 홈페이지 | www.compub.co.kr
| 전자우편 | compub@naver.com
| 출판등록 | 2005년 10월 6일
| 등록번호 | 제396-2005-36호

| ISBN | 979-11-6725-772-7
정가 18,000원

저자들이 함께하는 '더좋은보육채널' 소개

- 더 함께 가치를 만드는 보육전문채널
- 예비교사, 교사, 원장님을 위한 현장지원
- 영유아 놀이, ESG가치운영, ESD지원, 국공립위탁, 아동학대예방, 안전교육, 부모교육
- 교사교육, 특강, 학습공동체지원

블로그 '더좋은보육채널' https://blog.naver.com/jayai76
인스타그램 https://www.instagram.com/the_goodchildcare_channel